最後の料理人

京都吉兆会長
徳岡孝二

飛鳥新社

最後の料理人

はじめに──料理人はしゃべらない

元来、ぼくは人前でしゃべるのは得意ではありません。

それは、ぼくが料理の修業に入った中学生の頃から「料理人はしゃべったらあかん」ということを先輩方から厳しく教えられてきたからです。

ものを言うと、唾《つば》が飛ぶのです。

料理人というのは、お客さんの口に入るものを作るわけですから、衛生ということにものすごく気を使わなくてはいけない仕事です。板場（調理場）で唾を飛ばすなんてことはもってのほかです。

ですから、料理の世界には「講釈上手の料理下手」なんて言葉もあります。

板場でペラペラとしゃべるような、衛生に気を遣わない料理人は、料理の腕もたいしたことない、という意味ですね。

ところが、テレビなんかに出ている今の料理人を見ると、ほとんどの方がしゃべりながら仕事をしておられますね。ああいうとき、料理の上に唾が飛んでいるのです。

そのような料理人を見るとき、ぼくのような古い料理人は、「ああ、時代はずいぶん変わってしもたんやな――」と思います。

そんなことで、料理人という仕事をずっとやってきたぼくは、話をするのが至って苦手で、実際、人前でしゃべったことは過去に数回しかありません。元々が口下手な人間で、人さまの前でしゃべるのはあんまり好きではないということもありますが、やはり「料理人というものはしゃべってはいけない」という教えを破りたくないという気持ちが大きいのです。

本当は、この本を書くのもどうしようかと思っていました。

しかし、ふと気がつくと、むかしからぼくの料理を食べて褒《ほ》めてくれたり、批評をしてくれたりした方々は、今はみなさんいらっしゃらなくなってしまいました。ぼくがもう八十すぎで、いろいろとごひいきにあずかった方は、年上の方ばかりでしたから、仕方がないことですけれどね。

春夏秋冬の花鳥風月を取り入れ、料理と器を巧みに取り合わせる楽しさは日本料理に特有のものです。いわば「日本の文化を食べる」というのが日本料理の醍醐味なのですが、このことをむかしの方々はよくご存じでした。

料理については、いつでも真剣勝負でやってきましたが、「今、この世には、ぼくの料理を本当に理解してくれる人がいなくなってしまったのかな」なんてことを考えることもあります。

最近はどうもむかしのことを思い返すことが多いのです。人間はどうやったって百何十歳とかまでは生きられませんから、「ぼくの人生も、もうだいぶん最後の方にきているな」なんてことを考えます。

ですから、ぼくが何を考えながら十代の頃から六十五年近く一生懸命に料理をしてきたのか、ぼくの料理で喜んでくれたお客さんたち、そんな方々とぼくとの料理を通した交流――それらを、最後に、文字に書いて若い人に残しておこうかな――そう思っていましたら、昭和に続いて平成が終わることになりました。

お客さんの中には、時代を彩った実業家や政治家など、著名な方々もたくさんいらっしゃいました。そうした方々とのエピソードは、料理人という立場で見聞きしたことゆえ墓場まで持っていくつもりでおりましたが、それをお伝えするのもこの節目における使命と思いなおし、初めてお話しすることにいたしました。

時代が変わっても、日本料理はもちろん存続するのでしょう。しかしながら、いい悪いはともかくとして、私の思う「日本料理」――料理に向かう姿勢も含めて――は過去のものになりつつあります。その失われていく姿をありのままお伝えしますので、どのような形であれ、みなさんの糧になりましたらうれしく思います。

目次

第二章　師匠はお客様　69

第三章　四季の材料　129

第四章

世界の名物、日本料理

第一章

修業の時代

ドジョウに導かれた料理の道

うちの実家は姫路市と背中合わせのところにある兵庫県揖保郡《いぼぐん》というところにありました。田舎でしたから、子どもの時分の遊び場といえば、山と川です。五、六歳の頃は、山を走り回り、つるにぶら下がってターザンごっこをしたり、家の横を流れる川で魚を獲ったりしたものです。

ドジョウなら網ですくいましたし、鯉《こい》は川底の泥のくぼみでじっとしているのを素早く手でつかみ取りました。うなぎは先端にミミズを付けた竿《さお》を川岸の穴に突っ込んでしばらく待っていれば、必ず食いついてきました。むかしの日本は自然が豊かでしたね。

小学校二年生の頃、川に電気を流して魚を獲ろうとして、近くにあった電線の変圧器を爆発させたことがありました。このときは、関西電力から怒られて、保護者だったおばあさんが始末書を書かされました。もちろん、ぼくも大目玉を食らいました。変圧器を爆発させたのはやりすぎでしたが、この時代の子どもはみんなそうやって遊んでいたと思います。

うちのおばあさんは上海の日本人街で料理屋に勤めていて、日本に帰ってきてからおじいさんと結婚して、料理屋を開きました。ぼくの母親も料理屋になりました。うちは、代々が料理屋だったのです。

そのようなわけで、ぼくが川で獲ったドジョウを家へ持って帰ると、台所にいるおばあさんがすぐに料理してくれました。ぷっくりと太った生きたドジョウを、小出刃《こでば》でチュッと割く。それを炭火でじか焼きにして、しょう油に砂糖を入れただけの簡単なタレをつけ、きつね色に焼き上げる。そのつけ焼きが、子どもの頃のぼくの三時のおやつでしたが、それが、たまらなくうまいのです。

ドジョウなので、うなぎよりもずっと薄くて柄が小さいのですが、それがえもいわれぬ香ばしさでした。むかしのことだからと、大げさにお話しをしているのではありません。獲れたてだったからでしょうね。そのドジョウのおいしかったことは、今でも舌がしっかりと覚えています。

子どもの頃のぼくは、そんな、素朴だけどうまいものばかり食べていました。ですから、同年代のサラリーマンのご子息に比べたら、味のことはわりとよくわかる方の人間だったと思います。

子どもの頃に食べたものの味は、一生忘れられません。小さい頃にうまいものばかり食べていたら、後にまずいものは絶対に食べられなくなる。

そういう体験があったので、中学校に入って、親に「あんた、将来どうすんねん」と聞かれた際には、「中学を卒業したら料理がしたい」と答えました。

言ってみれば、ぼくはドジョウの味に、自分の人生をかける仕事を見いだしたことになりますね。

ただ、そんなドジョウが、今は日本の川からいなくなってきているみたいです。

なんでも、絶滅しかかっているという話ですね。ドジョウは料理人としてのぼくの原点ですから、それがいなくなるというのはなんともいえない寂しさがあります。

料理人の上下関係

ぼくが料理の道に入ったのは昭和二十七年、当時の新制中学を卒業してすぐの頃です。

神戸の花隈《はなくま》にあった「新辰巳《しんたつみ》」という日本料理店で修業を始めました。戦前、神戸といえばさながら「和食の宝庫」でした。全国の長者番付に載る十人のうち八人くらいが神戸の料理屋の御主人という時代が、ぼくらが修業に入る二、三十年くらい前まではあったのです。しかし、戦争で大きな料理屋さんがみんなつぶれてしまい、ぼくが修業を始めた当時の神戸には、そのような一流の店は五軒ほどしかありませんでした。料亭がはやらなくなった今では、一軒あるかどうかといったところでしょう。

さて、ぼくが修業を始めた当時の神戸には、兵庫県の調理組合である「兵《ひょう》調《ちょう》」、そして神戸市の調理師組合である「神調会《こうちょうかい》」という二つの組合がありました。そして、毎年それぞれの組合から五十人くらいずつ、合計で百人ほどの「坊さん」と呼ばれる料理人見習いの子が出て、あちこちの料理屋に紹介されていました。

紹介される料理屋さんにもランクがあります。和食の料亭を一番上にして、すし屋、そば・うどん屋と続き、一番下はラーメンの屋台です。和食の料亭の中でも「沖のもん」という海の魚を扱う日本料理の店が最高ランクで、そこに紹介されて修業を始められる子が、料理人見習いの中でも一番できのいい子でした。

日本料理の料理人は完全な階級制です。よくご存じでない方は、和食の料亭にいる白衣装の人はみんな「板前さん」に見えるかもしれませんが、実はそうではありません。「板前」というのは板場全体を仕切っている責任者のことをいいます。料理の修業をひととおり終えているというだけではなく、その店の献立を作成して、板場全体に指示を出しながら、自身は刺し身をひき、すべての料理の味加減を整えます。

板場で一番の実力者である板前の下に、煮炊きものを作る「煮方」、焼き物を作る「焼方」、料理を器に盛り付ける「盛り方」……と続き、一番下っ端が、料理人見習いの「坊さん」です。水浸しの板場をなにもわからず、先輩の後についてバタバタと忙しく駆け回るので、「アヒル」とか「追い回し」とも呼ばれます。

坊さんは、お客さんに出す料理には触らせてもらえません。まな板の前に立つなんてことはなおのことありません。板場や調理器具の掃除、買い物の荷物持ち、材料の準備、器の用意、洗い物……といった雑用を行いながら、店全体の一日の段取り、一年をとおした季節ごとの段取りを学び、料理人としての仕事を覚えていきます。

坊さんが焼き物を任される焼方になるまで、真面目に修業をして五年くらいかかるでしょうか。

焼き物には、焼き魚やら卵焼き、田楽など、季節ごとの料理や素材の種類も多く、勉強しないといけないことがたくさんありますから、それくらいの時間はかかります。だしをとり、その店の煮物や吸い物の味を決める煮方になるには十年くらい。焼き物や煮物の技術に加え、刺し身をひくことのできる一人前の板前になるにはもっとかかります。

十六、七歳頃から料理の修業を始めて、三十歳近くになると、技術についてはだいたいわかってきます。そのわかってきたところが、いよいよ日本料理の出発点で、そこからは日本料理特有の繊細な感覚と表現力を磨いていくことになります。

このようにご説明しますと、

「えらい長くかかりますな。もっと早く修業できそうなもんやけど」

とお思いでしょうか。しかし、日本料理の奥深さは、到底、数年で修められるものではありません。

日本の料理は味だけではなく、季節に対する感覚や器やお部屋のたたずまいも含めて「日本の文化」そのものでもありますから、料理人が勉強しないといけないことは本当に多いのです。

今どきは数年の修業で板前を名乗る方がいますね。しかし、日本の料理人としてのちゃんとした技術に加えて、伝統への知識を備え、季節の情緒を捉《とら》える細やかな感覚を養い、それらを存分に振るえるようになるには、十年以上の時間がかかって当たり前なのです。

半年間は給料と休みなし

ぼくが修業を始めた新辰巳は、当時の神戸では五本の指に入る名店の一つでした。店には当時「神戸で一番」と言われていた八木騎平という兵隊帰りの職人さんが花板（料理長）としていらっしゃって、また、二宮さんという、これまた大変評判の良い煮方さんが副料理長をしておられました。

そんな腕のいい先輩方がいる店で、みっちり四年間にわたって料理の基礎を手ほどきしていただいたぼくは、大変幸運な料理人見習いだったと思います。

「新辰巳に入った」といいましても、その頃は、大変就職の難しい時分です。働いているとはいえ、「お前、月謝はなんぼ持ってきたんや」などと先輩に聞かれる時代。「月謝は持ってきてませんけど、頑張りますからお願いします」と言って置いてもらいました。

店に入ってから半年の間は、寝る場所と食事は提供されていましたが、お給料は一円もいただけません。もちろん、休みも一日たりともありません。料理屋というのは本当に忙しくて、雑用に事欠きませんから、朝から晩までひたすら下働きをしていました。そんな状態がいつまで続くか、それも定かではありませんでした。

「働いているのにお金をもらえないのか。休みもないのか」と今の若い方は驚かれるかもしれませんが、ぼくたちが若い頃、料理人になるということは、そういうことだったのです。

一人前の料理人になって、自分の力で食べていくための技術を現場で学ばしていただくのですから、当然のことです。お店だって、入ってすぐのなんの技術も持たない若い衆を労働力として期待はしていません。

そして、そんな待遇でも我慢できて、先輩からの言いつけを黙々とこなせる坊さんが、たいてい「筋のいい子」です。筋のいい子は、一軒の店に二年くらい置いてもらえます。ところが、これが「筋の悪い子」でしたら、入ってきて半年、給料なんてもらえないまま次の店に回されてしまいます。そして、和食の店の次はすし屋に回されるとか、その次のそば・うどん屋に回されるとかいうように、だんだん料理屋の格が落ちていきます。

さて、新辰巳で働き始めてちょうど半年目の九月の末の土曜日の夜、親方が突然、「お前、明日、休ましたるわ」と言って百円をくださいました。生まれて初めていただいたお給料と、初めてのお休みです。このときのことは、いまだに忘れられません。天にも昇るような気持ちでした。手に渡された百円の存在感といったら、ありませんでしたね。

その初めての休みの日には、女中さん方から映画の招待券をいただいて、早朝から夕方まで八本の映画を観ました。

一日中映画を観通して、夜の九時頃に店に帰りましたら、先輩がちょうど店を出るところで、「おい、ついてこい」と言われました。

「遅くなりますから……」と断ったのですが、「かまへんからこい」とのことで、渋々ついて行きましたら、行き先はその当時はやっていた三本立ての映画館でした。

つまりその日、ぼくは十一本もの映画を観たことになります。当時の若者の休みの日の娯楽といえば、映画くらいのものでしたが、われながらたくさん観たものだと思います。映画の券はすべていただいたものでしたから、百円は丸々残っていました。

そして、その次の週から、日曜日ごとにお休みをいただけるようになり、給料も毎月千五百円くださるようになりました。

修業は生きるか死ぬか

中学を出た十七歳から二十一歳までの四年間、神戸の新辰巳で料理の基礎を一からたたき込まれました。先にもお話しをしましたように、いい店で何年も修業を続けさせてもらおうと思ったら、本当に精進をしないといけません。

修業にあたっては、さまざまな戒め、つまり、やってはいけないことがありました。代表的なものが、お酒、たばこ、女性、賭けごと、それから、色シャツです。

色シャツは衛生の観点からの禁止事項です。色のついたシャツは汚れが目立たず、ともすれば不衛生な状態で調理場に入ってしまうということで、普段から着ることが禁じられていました。

ですから、ぼくらが見習いに入った時代の料理人は、日本料理にかぎらず、みんな普段から白い上着を着て白いズボンをはいていたものです。今はどこの料理人さんもおしゃれで、そんな格好を徹底されている方はあまりおられませんが、当時のぼくらはそのような厳しい世界で育ちました。

先輩後輩の上下関係は絶対です。先輩が調理場で白いものを「黒い」と言ったら、「はい、黒です」と返さないといけません。

ただ、先輩は理不尽なことを言っているわけでもないのです。ある程度の修業を積まないと、見えてこないものというのがあります。ですから、先輩が言ったことの本当の意味が、修練を積んだ後になってようやくわかってくるということはよくありました。

調理場でヘマをすれば、先輩に怒鳴られたり、げんこつをもらったりするのは当たり前でした。

例えば、任されたキュウリやナスビなどの切り方がまずいと、先輩に「バカ！」と怒鳴られて、それらを投げつけられます。投げつけられたキュウリの輪切りが、額にペチャーンと貼りつくなんてこともありましてね。段取りが悪いと、目の前で魚をさばいている先輩から柳刃《やなぎば》包丁の刃を手にポンと当てられるなんてこともありました。このとき、要領の悪い子でしたら、驚いて手を引いて逃げようとして手を切ります。

時代の移り変わりで、こうしたしごきは古いことになりましたね。今の時代は、上の人が下の人を怒鳴りつけただけでも問題になります。体罰なんてもってのほかで、包丁を突きつけたりしようものなら、傷害ということになって訴えられてしまいます。

最近、ぼくの知っている店でも、料理長が調理場でヘマをやらかした若い衆をたたいたことが問題になり、降格させられたそうです。

もちろん今日び暴力は許されませんが、古い料理人としては料理長の気持ちはわかります。先輩は忙しい合間にわざわざエネルギーを使って至らないところを教えてくれるのです。

ぼくらの時代の調理場はまさに「生きるか死ぬか」でしたから、料理人になるにあたって今の子たちとは真剣さがちがっていました。また、それくらい真剣に取り組まなければ、何年修業をしようとも日本料理の本当の意味はわかるようになりません。

手取り足取り教えてもらった技は身につかない

ぼくらの時代は、今のようになんでもかんでも、上の人が手取り足取りやさしく教えてくれるということはありませんでした。

見習いの坊さんは、これといって料理をさわる仕事はさせてもらえずに、板場の掃除や使いっ走りをしながら、まわりを見て、料理屋の段取りというものを一つひとつ自分で発見しながら覚えていく。簡単には教えてもらえないから余計に、先輩の手元の動きを決して見逃すまいと、目でぐっとにらんで一生懸命にその技を覚えたものです。

先輩はなにも意地悪をして教えないのではありません。一分一秒を争って注文をこなさないといけない板場で、下っ端に「ああしなさい、こうしなさい」と丁寧に指導をする時間などないということもあります。しかし、それよりも、手取り足取り教えても、本人のためにはならないということを、ある程度のことを修めた上の人はわかっているのです。

手取り足取りやさしく教えてもらった子は、教えてもらった料理だけをやるようになるものです。そんな、人まねの料理を器用に覚えてしまうと、創意工夫の気持ちは決してわいてきません。

人から教わらないといけないこともありますが、いつまでたってもそれでは困るのですね。あるところまで来たら、それから先は自分の器量と才覚を頼りに、自らの意志で研鑽をしていかなきゃなりません。それができるか、できないかが、まね事でごまかした料理を作って一生を終える料理人になるか、自分で創意工夫ができる料理人になるかの分かれ目となります。

さて、真面目に下働きをして尽くしていると、それまで右も左もわからなかったものが、まわりのしていることが少しずつ見えてくるようになります。ここに来てようやく、料理人の技が身につく下地ができます。

すると、まわりはよく見ているもので、一年目は料理にめったに触れさせてもらえなかったものが、だんだんと、ネギを切ったり、魚を洗ったりするのを任されるようになります。

ただ、このときも、先輩はほとんどなにも教えてくれませんから、自分で試行錯誤をしながら技を覚えていきます。

例えば、ネギ一本を切るにしても、ネギの太さはまちまちですし、お客さまの好みもそれぞれですから、そのたびに切り方を臨機応変に変えなければいけません。最初はそういうことはわかりませんから、自分の手でネギを一本切っては怒られ、一本切っては怒られ、失敗をなんどもくり返しながら、コツコツと腕を磨いていきます。

誰だって初めは手がろくに動きませんが、とにかく慣れるまで、なんどもなんども手を切ったりして、体に覚え込ませます。頭で考えてから手を動かしているようでは駄目です。刺し身を切るにしても、頭で考えながら切っていては遅い。切り身がまずくなります。頭と手は同時に動かなければいけませんが、そうなるまでには、ずいぶんと時間がかかります。

ですから、修業をしている者は、朝起きてから寝るまで料理のことだけをひたすら考えて、ひたすら技の習得に打ち込みます。そのような生活は、今の子にはしんどいことかもしれません。

しかし、結局、ぼくが見てきたところでは、そういう苦労をできる人が、将来は腕のいい料理人になります。

日本料理がほろびかけている

年寄りの説教と思われるかもしれません。または、そんなことは杞憂《きゆう》だと一蹴されるかもしれません。しかし、それでもお話しをさせていただきますと、ここのところの見習いの子たちを見ていると、日本料理の行く末が不安になります。

うちの店の入社式では毎年三十人前後の新入社員が入ってきますが、最近では、大学を出た二十歳すぎの子の入社式に親御さんがついてくるようになりました。それだけではなく、あるときなど、入社式の後に社員寮を見た親御さんが、「個室やなくて、二人部屋や。この子は個室でしか寝たことないんで、無理です。連れて帰ります」

なんてことをおっしゃいました。こんなことは、ぼくらの時代には考えられません。

そもそも、ぼくらの時代に料理人を志す子は、中学を卒業した頃には修業を始めたものです。歌舞伎のせりふで「六歳六月六日が芸事始め」とはよくいいますが、料理も同じで、若くて感受性の強い時分こそ、センスが養われる年齢です。むかしうちの店によく来てくださった芸術家の北大路魯山人《きたおうじろさんじん》さんも、「美的センスを十六、七歳の頃に養った」とおっしゃっています。料理はセンスのあるなしが大きな決め手です。日本料理は特にそうです。このセンスを養うには、本当は高校、大学を出てからでは遅い。

とはいえ、みながみな進学するようになった今の時代に、そんなことは言っていられないのも確かでしょうね。それでも、せめて二十歳をすぎた頃には、自立した一人の人間として、「俺は料理人になる」というしっかりとした意志を持っている必要があります。

こんなこともありました。うちの店では誰彼なしに便所掃除をすることになっているのですが、それを知った親御さんが、

「うちの息子に便所掃除をさせるとは何事か」

と怒って、子どもを連れて帰ってしまわれたのです。

よい料理屋というのはまずは掃除です。お客さんは料理だけでなく、お部屋という空間のサービスも含めて食べにこられるわけですから、すみずみまで行き届いた掃除があってこそ料理屋はお金をいただける。ですから、料理屋にとって、掃除はなによりも大事なのです。

そのような基礎を飛ばして、うわべだけの料理を器用にできるようになっても、そういう子は料理人としての一生を、うわべの料理で終わることになります。そんなの、おもしろくないでしょう。これが便所掃除から覚えた料理でしたら、ものごとの順序やけじめが身につきますから、いい仕事ができるようになります。

また、新しい法律ができて、「何時から後は働かしてはいけない」ということになりました。これは本当に困ったもので、日本料理の技術と感性は、二十四時間三百六十五日、寝ても覚めても料理のことばかり考えるような生活を、何年も送るようでなければ、とても身につきません。「一日何時間まで」などという時間制限があっては、修業にはなりません。

お給金にしてもそうです。先にもお話しをしましたように、ぼくらが料理人として修業をしていた頃は、半年間、一日も休みなく仕事をして、半年目にやっと百円をいただくような時代でした。筋が悪ければ一円もいただけないままクビになります。ですから、ぼくらは毎日必死で仕事を覚えました。

ところが、今の子は、店に入ったばかりで右も左もわからない頃から、基本給で毎月十二万円くらいはもらえるでしょうか。最近では、お役所からの「給料を上げなさい」という指導もあって、もっともらえます。そして、お給料をもらいながら手取り足取り技術や行儀を教えてもらい、三年くらいたって基礎が身についた頃に、みんな辞めてしまうのです。なかには明らかに筋のいい子もいるのですが、強引に引き留めることはできませんから、仕方がありません。

見習いに甘えた子が増え、修業の環境がどんどん生ぬるいものになっていくこんな状態では、いい料理人は決して育たない。

国は「京料理はすごい」「和食はすごい」「外国に日本食の魅力をもっと発信しよう」と大きな声を出して旗を振っていながら、料理屋を新しくできた法律で縛って不自由にしていきます。「国は料理屋をつぶそうとしてんのやろか」と思うほどです。

これまできちんとした料理人を育ててきた料亭の多くは、今、現役でやっている料理人が病気をしたり、年で引退をしたりしたら、それでしまいでしょう。いい料理人が育たず、跡継ぎがいないからです。

実際、料亭の数はどんどん減っています。例えば大阪でしたら、むかしは道頓堀から中之島にかけて大きな料亭が何十軒とありました。ところが、今は大きな料亭といえば一軒あるかないかです。時代の流れで仕方ない部分もあるとはいえ、悲しいことに日本料理はほろびかけているのです。

憧れの吉兆に入る

さて、神戸の新辰巳で修業を始めてから三年がたった頃、うちの店の三軒隣に神戸吉兆という日本料理屋ができました。

当時のぼくは吉兆のことを知りませんでしたが、そのうちに身のまわりで「しゃれた料理が出てくる」とか「大きな器に料理がちょこんと入っている」とか「部屋に入ったらお軸が飾られている」といったうわさを聞くようになりました。興味を持ったぼくは、店の前を通るたび、道に面した窓から神戸吉兆の調理場をのぞくようになり、そして、いつとはなしに吉兆に憧れるようになりました。

当時の大阪にはつる家、なだ万《まん》、花外楼《かがいろう》、堺卯《さかう》といった有名な料亭がありました。これらの店は「口入れ屋」という料理人紹介所に頼めば誰でも入れましたが、吉兆だけはツテがなければ入れない店でした。そのような敷居の高さも相まって、やがてぼくは「吉兆に入りたい」と強く思うようになりました。

当時、新辰巳によく来てくれていたお客さんの中に乾《いぬい》汽船の会長の乾さんがいらっしゃいました。乾さんなら吉兆に顔が利くとのことでしたので、口利きをお願いしましたところ……半年間待たされましたが、そのかいあって、昭和三十一年の八月四日に大阪高麗橋の吉兆本店に採用してもらえました。運もよかったのでしょう。ちょうど、その年の十月十八日に船場吉兆というのがオープンして料理人が足りなくなったとのことでした。このとき、ぼくは二十一歳でした。

吉兆の御主人である湯木貞一《ゆきていいち》さん――料理人は店の経営者を「おやじ」とか「おやっさん」と呼びます――その頃は五分刈りのごま塩頭で、大きな黒ぶちの眼鏡をかけて、ちょっとこわおもての、当時としては背の高い方でした。なぜ御髪を短くされていたかといいますと、髪をとかなくてもいいからですね。

「髪を伸ばしたら、とくのに毎日五分は使うやろ。せやったら、一年に何分損すんねん。髪をとく暇があったら、その時間を料理のことに使え」

と言っておりました。

このように、おやっさんはいつも料理のことだけを考えていました。暮しの手帖社の花森安治《はなもりやすじ》さんがおやっさんのことを「金太郎飴《あめ》のように、いつでもどこでも、料理の話しか出てこない」と書いておられますが、その通りでした。ぼくは今でもおやっさんのことを「料理の神様」だと思っています。いや実際、日本料理界で史上初の文化功労者になっていますから、ぼくが思うだけでなく、名実ともに日本一の料理人と言って差し支えないでしょう。

そんな湯木貞一という方と吉兆という店について、改めてご説明をしておきたいと思います。

おやっさんは明治三十四年、料理屋の三代目として神戸の花隈に生まれました。尋常高等小学校を卒業してすぐ、花隈で父親が経営する料理屋「中現長《なかげんちょう》」の調理場へ十四歳で入りました。本人は、「ニンジン、ダイコンで一生暮らしたくない」という思いがあり、進学して、将来は銀行や証券会社といったお金を扱う仕事に就きたかったそうです。

しかし、ここで父親に「一人息子なのだから、どうしても調理場に入れ。入って家の跡を継げ」と言われてしまいます。

おやっさんは、

「それならば、今、大阪にいる台湾竹とか、大名竹とか、京為さんといった、第一級の職人さんを、二年でも三年でも、次々に交代で雇ってくれ。その人たちから料理を教わりたい」

と頼みました。この方々は、当時、大阪に大勢いた料理人の間でも大変な評判だった最高に腕のいいスーパー料理人たちで、業界では通り名で呼ばれていました。

この願いは聞き入れられ、父親は、大正四年に月給千円、現在では月三百万円という高い給料を出して、最高の料理人の一人である大名竹さんを迎え入れてくれたのでした。そして、その人の下で人並み以上に頑張り、二十三歳の頃には料理の修業はほとんどできあがっていたといいます。

二十五歳のとき、おやっさんは、松江のお殿さまで茶人でもある松平不昧公《まつだいらふまいこう》の『茶会記』という本を初めて目にします。

そのときすでに百五十年も前の本ですから、今からでは二百年余り前の本になりますね。そんなむかしの本ではあるのですが、その本に書かれた「懐石料理の献立集」に、あふれんばかりの季節感を感じ、「ああ、日本料理には季節があるじゃないか。男に生まれて、一生涯をこの日本料理に尽くしても、悔いはないにちがいない」と確信を得たそうです。「目からうろこが落ちたようだった」とも言っておりました。

よほどそのときに感激したのでしょうね。ぼくは後に、おやっさんからこの話をなんどもなんども、繰り返し聞かされました。その頃からおやっさんは「お茶」というものに特に興味を持ったのだと思います。そして以後、料理に対する考え方がハッキリと決まり、お茶に倣《なら》って季節の風情を料理に盛り込む新しい献立を考えては、種々の試みを繰り返しました。

それまでは料理人という仕事をさほど面白く感じていなかったそうですが、「人生の目標ができ、仕事が楽しくて仕方がなくなった」と言っておりました。

吉兆ののれん

吉兆というのはおやっさんの湯木貞一が、昭和五年の十一月に、二十九歳で大阪の新町――今の四ツ橋ですが――そこで商売を始めてからずっと、同じのれんでやっている料亭です。

店の入り口には、当時、大阪画壇で活躍しておられた須磨対水《すまたいすい》画伯に書いていただいた、「御鯛茶処吉兆」というのれんがかけられました。店は間口が一間二分五里（二メートル二十五センチ）、奥行き六間（十メートル八十センチ）という狭さで、おやっさんはよく「箸紙のような店」だったと言っておりました。

ぼくが高麗橋の吉兆に入ったときには、すでに新町の店はなくなっていましたが、おやっさんの話をよく聞いておりますと、その箸紙のような店でも、中はしっかりと作り込まれていたことがわかります。

入り口の右手に調理場があり、その奥が客席という作りで、スッと延びた通路の横には丸炉《がんろ》が切ってある。丸炉というのは、お茶の釜を掛ける丸い炉のことですが、その上に載せた釜からおさゆを汲《く》み、香煎《こうせん》を入れ、おいでいただいたお客さんに差し上げていたそうです。このようなことも、「お茶」から来たことだと思われます。

天井には京都、高辻の和田卯《わだう》さんで求めた朱塗りの八方行燈《はっぽうあんどん》をつり、黒塗りに縁を朱で塗り回したテーブルに朱の椅子を合わせ、それに萌木《もえぎ》色の座布団を載せるなど、全体をハッキリとしたコントラストでまとめておりました。食器も楽さんの物、永楽さんの物、半七さんの物……といったように、当時のお茶人の好んだ食器をそろえていたそうです。トイレは一番奥にあり、小用の便器には爽やかな香りの杉の葉をたっぷりと入れるなどして、「茶味のあるしゃれたしつらえの店ができた」と言っておりました。

その当時は電話が大変に高価なものでした。電話を買うお金はみんな食器の方へいってしまい、店に電話が備え付けられたのは、開店から半年後のことだったそうです。

さて、そんなお店の開店初日のお話です。宣伝らしいことはしていなかったため、夕方五時に打ち水をしても、一向にお客さんは来ません。八時過ぎになり、「もう、あかん」と肩を落としていたところへ、酔っ払って上機嫌のお年寄りが入って来られ、「鯛茶、食わしてくれ」との声がかかりました。こうして、吉兆の初日の売り上げは「鯛茶一杯、八十五銭」で終わったそうです。

当時の吉兆は、お酒が一合十銭、大体のコース料理で三円をいただいていたそうです。有名料亭のつる家、なだ万、花外楼、堺卯などが八円ぐらい。吉兆の値段は、小さな店の割には高めであったようですが、おやっさんには「おいしい、質のいい料理をお出ししたい」との思いが強かったそうです。

初日の売り上げこそ八十五銭でしたが、それでも一生懸命に仕事をしていると、次第に「しゃれた店だ」という評判が立つようになり、ひと月もすると大勢のお客さんでにぎわうようになってきました。

そんなお客さんの中には、北大路魯山人さん、品格のある美人画で知られていた上村松園《うえむらしょうえん》さん、新派の花柳章太郎《はなやぎしょうたろう》さん、当時の大阪毎日新聞の学芸部副部長で後に『茶杓《ちゃしゃく》三百選』という本を出された高原杓庵《たかはらしゃくあん》（慶三）さん、アサヒビール社長の山本為三郎《ためさぶろう》さん、日商岩井社長の高畑誠一さん、美術商の児島嘉助《かすけ》さん、華道去風流《きょふうりゅう》お家元の西川一草亭《いっそうてい》さん、陶芸家の白井半七さんといった、錚々《そうそう》たるお歴々がおられました。

これらの方々からさまざまなことを教えていただき、なかでも横堀の木材問屋泉平の北尾平兵衛さんと堀江にあった質屋の福田平兵衛さんは茶の湯に造詣《ぞうけい》が深く、茶の心得なども教えていただき、大変な感銘を受けて「改めてお茶に目が開いた点があった」とも言っておりました。

そうした方々のおかげで、店はいつも忙しいことになりましたが、この頃のことを振り返って、おやっさんは「よいお客様に恵まれて、育てていただいた」と話しておりましたね。

その後のことは少し端折りますが、昭和十二年には畳屋町に移転していた店が二十年三月十三日に大阪大空襲に遭い、店も家も食器も全焼してしまうということもありました。そして戦後、昭和二十一年大阪平野町、これは現在の湯木美術館――おやっさんがつくった茶道具の美術館です――がある場所ですが、そこで再出発のお店を構えました。その後、京都嵐山店や東京では現在の東銀座八丁目に東京吉兆を開店するなど、一番多いときで、店は二十六まで増えました。

吉兆の「徳岡一家」

さて、ぼくの話に戻りますと、昭和三十一年の八月、二十一歳のとき、憧れだった吉兆に入ることができたわけですが、大阪は神戸とはなにもかもがちがいました。

吉兆の御主人だったおやっさん本人は料理に非常に真摯《しんし》な方でしたが、大阪の調理場にいる先輩の料理人たちは、真面目な方々ばかりではありませんでした。これは、地域によるちがいなのかもしれませんが、とにかく、大阪の料理人と神戸の料理人とは料理に取り組む姿勢に雲泥の差があったように思います。

例えば、先輩の中には仕事が始まる前に酒を飲んでいる方もおりました。調理場の水をジャーッと出しながら、四合が入る杓で酒をすくう。その四合のうちの二合くらいをグッと飲んだら、残りの酒をパシャッと流しに捨てる。そうしてから出ている水道の水をすくって飲み、そこで「よっしゃ」と仕事を始めるのです。気合を入れるためかもしれませんが、たったの二合だったとしても、アルコールを入れていい仕事ができるはずがありません。

ぼくは吉兆へ入るまでは酒を一滴も飲みませんでした。修業の身に酒は厳しく禁じられていましたし、神戸では未成年でしたからね。それが大阪の吉兆に入ったら、先輩は仕事中に酒を飲んでいるわ、仕事あがりには酒屋に連れて行かれて飲み比べをさせられるわ……大阪でぼくの先輩になった方々は、そんなことが多かったのです。

板場にある鍋も真っ黒でした。板場の掃除をしたり、鍋洗いをしたりするのは、料理人見習いである坊さんの仕事です。神戸の料理屋では真っ黒の鍋は「坊さんの恥」とされていましたが、大阪ではどうもそんな様子はありません。

包丁もボロボロでした。これも、神戸ではあり得ないことです。神戸の職人の世界では、例えば、「三宮のおすし屋台の職人さんが、穴子の口の中に残った釣り針に気付かずに包丁を入れて刃をこぼした」というようなことがあれば、その翌日にはニュースとして神戸中の職人が知るところとなります。それほど、包丁の刃こぼれということに、うるさい世界なのです。

ところが、大阪の吉兆に入ってみたら、板場に二十本ほどある包丁のほとんどが刃こぼれしていたのです。「立ち方」と言って、お刺し身を造る係の人の包丁だけは別のところにしまってあり、それだけがまともな包丁でした。憧れて入った店がそんな調子だったものですから、本当にびっくりしましたね。

ぼくが吉兆さんに入ってひと月ばかりたったときのことです。それまではわりと先輩方の好きにさせていたおやっさんがとうとう怒りました。

「誰か、包丁研《と》ぐやつはおらんのか！」

そう叫ぶと、野菜を切る薄刃《うすば》包丁を放り投げたのです。ぼくはすかさず、「研がしてください」とお願いをして、その日は夜の八時頃から包丁を研ぎ始めて、夜中の十二時まで四時間、一生懸命に包丁研ぎをしました。すると、慣れてきますから、同じ作業がその次の日は三時間で終わり、しまいには一時間で板場にある出刃や薄刃といった包丁二十本すべて研ぎあがるようになりました。

後から入った人間がそういうことを率先してするものですから、そのうち調理場は、鍋がピカピカになり、包丁の扱いもみな丁寧になり……という具合に、ピリッと締まるようになりました。

ぼくが入ったあくる年の三月には、新しい子が九人、入ってきました。先輩たちは相変わらず、あまり真面目ではありませんでしたから、入ってきた子たちはみんな、ぼくの言うことをよく聞くようになりました。

そしてそのうちに、ぼくとぼくを慕う後輩たちは、吉兆の中でも「徳岡一家」と呼ばれるようになりました。

湯木貞一が見せた料理の新境地

大阪の調理場と先輩方には面食らいましたけれど、吉兆の御主人の湯木貞一という方だけは本当にすごい人でした。

その当時の神戸の料理屋の御主人というものは、自分では店の実務をほとんどやりません。昼前に調理場の横にある帳場に顔を出し、料理長である板前さんを呼んでその日の様子を聞き、板前さんが作った料理で一杯やりながら食事をして、「ほな、組合へ行ってくるわ」と出掛けてしまわれ、晩まで帰ってこない――そんな、文字通りなにもしない方がほとんどでした。

ところが、おやっさんは、そんな普通の料理屋の御主人方とはまったくちがっていたのです。毎朝早くに起きて自分で神棚を掃除し、お花とお酒を供えてお詣《まい》りをし、それが終われば玄関の神棚も同じようにお詣りをして、地下一階にある調理場へ降りてこられます。

そして、料理長、副料理長、その他の主だった料理人を周りに集めて、その日のお客さんのお食事の趣旨と献立を考える。

まず、その料理を召し上がる方は、お若い方か、年をとっておられる方か。男の方か女の方か。外国の方か。好き嫌いはあるか。なんでも召し上がるか、お酒は召し上がるか……とにかく知りうる限りの情報をできるだけ頭に入れます。そして、その日にどんな材料が使えるかを考え、どのようにして季節の味と風情を出そうか、すべてを練り上げて、一組ごとに献立を作っていくのです。

部屋割りにも、大変心を遣われます。祝いの席であるとか、また逆の席であったりしますので、その趣旨に合った掛け軸に替え、花と花入れを確認しながら、番頭さんと二人ですべての部屋を見て回られます。

器についての気配りも大変細やかでした。ぼくの神戸の修業時代、先輩の職人さんは器についてはなにも言いませんでした。器に対する意識、それ自体が存在していないのです。先にもお話しをしましたが、ぼくが神戸の新辰巳で下につい

吉兆創業者の湯木貞一

た料理人は、当時「神戸で一番」と言われるほど腕のいい方でした。しかし、そんな方でも、器については気を配っておらず、みなさん、そのとき手近にある器に料理を盛っていました。

神戸にいた頃のぼくは、上の人に「おい、それを持ってこい」と言われるままに器を持っていっていましたから、それで織部《おりべ》や、志野《しの》や、染付《そめつけ》といった器の大まかな種類くらいはわかっていましたけれど、その大きさや色味の料理との取り合わせについては、興味を持ってなかったように思います。

しかし、おやっさんは、「この料理に染付を使うのならこの大きさと形やないとあかん」「織部はどの大きさやないとあかん」といったことにものすごく神経を使っておられたのです。

気の張るお客さんやお茶事の献立のときなどは、一度、献立の通りにすべての器を並べてみて、前日の夜にも器合わせをし、その器をまた箱に片付ける、という作業を毎回のようにくり返していました。

常々「いったん器選びを間違ったら料理そのものを殺す。器選びには、骨身を削る覚悟が必要や」と言い、心を砕いておられました。

これらの気配りの数々は、ぼくの神戸の修業時代には、まったく考えられないことばかりでしたから、吉兆に入って、

「はあー、ここにはこんな素晴らしい料理があるんやな」

と深く感激しました。

花入れには「真」「行」「草」といった格式があったり、お香も季節によって合うものがちがったり、床の置物や飾り付け等々、数えればキリがないほど、覚えることがありました。日本料理には世界に比類のない広さ、深みがあるというこ

とを、ぼくはおやっさんから初めて教えられたのです。

ただ単においしい料理を目指していたのが職人時代のぼくでした。それが、ひと味もふた味もちがう料理と巡り逢えて、また、超、超すごい超人に巡り逢えて、

「あぁ、この人から料理を習って、この人のそばに骨を埋《うず》めたい」

と心から思うようになるまでに、そう時間はかかりませんでした。

東京店と政治家の方々

神戸に四年いて料理の基礎を修業し、大阪高麗橋の吉兆に入って五年勉強をさせていただき、その五年目の昭和三十六年に吉兆の東京店ができました。

おやっさんには五人の子どもがおりましたが、一番上の娘さんが、東京のおかみとなりました。ところが、「料理人は誰を連れて行くのか」という話になったとき、四十歳をすぎたベテランの料理人さんたちが大勢いる中で、そのときまだ二十六歳だったぼくに白羽の矢が立ちました。

本来なら、大阪の店の料理長と副料理長が候補にあがるところですが、そのお二人とも所帯持ちでした。一週間に一回は奥さんのいる家に帰さないといけないが、それは大層なことだというので、その二人が抜け、「その後を守っているのは誰や」という話になったとき……それがぼくということになったのでした。

大阪の店では月に一万八千円の給料でしたが、東京の店に来たら、それが十四万円にもなりました。その当時、歌の文句にもあった「一万三千八百円」というのが一般的なサラリーマンの方の給料でしたので、相当なものです。しかし、ぼくは、

「これは、自分一人でもらったお給金とちゃう」

と思い、毎晩、仕事が終わった後、下についてくれている若い子らを連れて、有楽町に飲みに行きました。

ぼくらは関西弁をしゃべる人間ですから、最初、東京の人は相手にしてくれませんでしたが、毎晩のように通ってお金を使うものですから、だんだんと扱いがよくなる。ひと月もたつとその界隈では関西弁でしゃべる方がモテるようになりましたね。

お店の方はといえば、常にほぼ満席でした。大変忙しかったのですが、やはり東京は政治の中心ということで、この頃は政治家の方々にとてもごひいきにしていただきました。東京の店のおかみさんがよく気がつく人で、その営業の努力も

あったのでしょう。

それを裏付ける話を一つ。

東京吉兆の店の筋向かいに、新山口という大きな料亭がありました。そこから吉田茂元総理が出てこられたことに気が付いたおかみさんが、女中さんやぼくら料理人を道にサッと並ばせて、お見送りをさせたことがありました。吉田さんは、うちでは食事をしていないのにです。さぞかし驚かれたでしょうね。

しかし、その機転が吉田さんにうちの店のことを知っていただく切っ掛けとなり、以降、うちの店をひいきにしてくださるようになりました。時には、相談役の白洲次郎さんもご一緒でしたね。白洲次郎さんとはその二十数年後に嵐山の店で本当にびっくりするような巡り合わせがあるのですが、これはまた後でお話しをいたしましょう。

また、この頃はちょうど池田勇人《はやと》さんが総理大臣をやっておられた時分で、池田さんにも、よくうちを使っていただきました。最初はうちの店に直接おいでくださっていたのですが、なにしろうちは五十坪に部屋が五つの狭い店でしたから、程なく「出仕事」を頼まれるようになりました。

出仕事というのは、料理人が食材や調理器具や器を持ってお客さまのもとに直接うかがい、台所を借りて料理をお作りする出張料理のことです。ご指名をいただいたのは光栄でございましたが、時の総理大臣のお屋敷の敷居をまたぐのですから、緊張もしましたね。一週間のうちの三、四日、信濃町の大きなご自宅にうかがうようになりました。

総理のお屋敷といえば、そこに贈られてくる進物も大変なものでした。出張料理でご自宅にうかがうたび、お庭に立派な石が増えていきます。不思議に思っていると、女中さんが耳打ちしてくれました。先だって、「池田総理は石の鑑賞を好む」という記事が新聞に載ってから、全国津々浦々から美石、奇石の類が贈られてくるようになったとのことでした。

また、当時の日本の政治家といえば、お酒はジョニー・ウォーカーの黒ラベル、「ジョニ黒」ですね、それしかお飲みにならないという時代でもありました。そのため、池田総理のところには、毎日のようにジョニ黒十二本入りのケースが進物で届いたそうです。しかし、飲み切れないということで、よく店にケースごと送ってきてくださいました。うちにいらっしゃるお客さんは——河野一郎さんや佐藤栄作さんといった方々も——知らずに池田さんのジョニ黒を飲んでおられたことになりますね。

池田さんが喉頭がんで入院されたとき、お見舞いに届くメロンが食べ切れないとのことで、秘書の方が「これ、好きに使ってくれとのことです」とわざわざうちまで持ってきてくださったこともあります。

その池田勇人さん、佐藤栄作さん、河野一郎さんが三派で総裁公選を争っておられたときに、お三方が同時にうちにいらっしゃったときは大変でした。

この当時、東京には先ほどお話しをした新山口の他に、山口、新喜楽《しんきらく》、金田中《かねたなか》といった有名な料亭がありました。それぞれ、金田中は二千坪、新喜楽は千坪、新山口は六百坪、山口は五百坪という大きな店です。そんな中、たった五十坪で、しかも新参のうちが総裁公選の候補の方々のお食事の場所として選ばれたのには理由がありました。東京の店では芸妓さんを入れていなかったからです。

お三方が鉢合わせをしないように、秘書さん同士で話を合わせて、トイレに行かれるタイミングまで細心の注意を払われていましたが、調理場も相当に気を遣いましたね。みなさんコース料理を召し上がっておられましたが、三者三様に好き嫌いがありますから、献立はそれぞれ変えました。気の張るお客さまであるうえに、献立がそれぞれちがうということで、調理場の段取りはいつにも増して複雑になったことを覚えております。

当時は大ごとでしたが、今となっては、楽しい思い出話ですね。五十坪の敷地の中で、三人の総裁候補がお互いを出し抜こうと、選挙の作戦会議をしているわけですから。

このように、おかみさんの努力が大変なものでしたから、政治家の方々にもよく使っていただけ、店はすぐにはやるようになりました。五十坪の東京吉兆が、開店して二年目には、都内では二千坪の金田中に次いで料理飲食税を納めるようになったのです。

重詰めを届けてまわる

東京のおかみさんは、人に進物をお届けすることを大切にしている方でもありました。例えば、政治家の方が大臣に就任すると、必ずお祝いの料理をお届けする。そのお祝いを持っていくのは、ぼくの役目でした。当時の偉い方のお屋敷には、あらかた、うかがったのではないかと思います。

大平正芳《おおひらまさよし》さんが外務大臣になられたときには、鯛や伊勢エビやはまぐりやらをおけに入れてお宅へうかがい、その場で料理を作りました。当時の太平さんは、五軒続いている質素な長屋の一軒にお住みでしたが、ぼくが、

「すいません。この鯛、うろこが飛ぶんですが、どこで水洗いさせてもろうたらよろしいですか」

と聞きましたら、「こっちでやって」と長屋の真ん中にある丸い井戸に案内さ

れ、そこで鯛をさばいたものです。外務大臣になられた直後は長屋にお住まいでしたが、その次に訪ねたときは、お宅は見事な豪邸に変わっていました。

「日本の国の大臣になるというのは、すごいことなんやな」

と感心したものです。

毎年正月にも、政治家の方々のお宅におかみさんに代わってあいさつに参り、重詰めを配るということもしましたね。

神奈川県の大磯町にある吉田茂さんのお宅まで、正月の重詰めをお届けに行ったこともあります。アポイントメントはありません。「築地の吉兆です」と言えば、信用がありますから、台所の女中さんが快く重詰めをあずかってくださるのです。政治家の方への進物は、今となっては賄賂《わいろ》だなんだと言われるのかもしれませんが、当時はおおらかな時代でした。

財界人で、当時「電力王」と呼ばれていた松永安左衛門《やすざえもん》さんの箱根のご自宅に、折り詰めを持ってうかがったこともあります。箱根小涌園《こわきえん》や椿山荘《ちんざんそう》をおつくりになった実業家の小川栄一さんとお二人でご機嫌よく飲んでおられるところでした。

「おう、インチキとインチキが酒飲んでるところや。さあ、お前も飲め」と手招きをされましてね。そういう、とても気さくな方でした。松永さんは湯木貞一の大ファンでもあり、おやっさんが嵐山でやったお茶事に来てくださったことがあります。当時の政界や財界の方はたいていそうでしたが、松永さんもお茶に大変熱心な方でした。

大阪の店のおかみさん――おやっさんの奥さんのことですが――その方が昭和三十六年の十二月七日に五十六歳で亡くなったとき、「奥さんを亡くしたというのは大変なことだ」という、お悔やみの手紙をくださったのも松永さんです。この手紙は掛け物になって、今は湯木美術館にあります。

まだあります。

河野一郎さんのご自宅へうかがったときのことですが、廊下の奥からお孫さんの太郎さんがパタパタと走って出てこられました。まだ三歳くらいの、とてもかわいらしい時分ですね。このとき、たまたまついてきていたおかみさんが、うっかり間違えて、

「あっ、一郎ちゃんですね。かわいらしいねぇ」

と言うと、

「『一郎ちゃん』は、おじいさんです」

と返されたのは笑い話ですけれど、そんな太郎さんが、今は日本の外務大臣になられて、大変お忙しくされています。

思い出すままにお話しをしてみましたが、いずれも、もう六十年近くも前のことになります。この間、ぼくはただただ、一生懸命に料理だけをやってきたわけですが、時の流れというものは速いものですね。

第二章

師匠はお客様

閑古鳥の鳴く嵐山店

東京には二十六歳から三十一歳までの五年いましたが、ちょうど五年目の昭和四十年六月の中頃、突然、おやっさんにこう言われました。

「お前に嵐山の店を任せる。吉兆の床の間やと思って守ってくれ」

ところが、この転勤を命じられた直後に、池田勇人元総理が亡くなられました。とてもごひいきにしてくださった方です。

「すみません、池田元総理の四十九日が終わるまでは東京にいさせてください」

おやっさんにそうお願いして、四十九日の間は毎朝八時には精進料理をお供えして、忌明けに京都の嵐山にはせ参じました。

ところが、店に出ようとした初日、それまで嵐山の店を仕切っていた立て板が調理場に入れてくれません。その方は、ぼくが大阪の本店に入ったときに、ボロボロの包丁ばかりの中で、唯一自分の包丁だけは大事に手入れをしていた職人さんです。ガラが悪くて、鬼軍曹と呼ばれていました。ぼくがおやっさんに命じられるまでは、その方が京都の店の責任者でしたから、三十歳かそこらの若造が自分に取って代わるのが面白くなかったのでしょう。

調理場の入り口で、その鬼軍曹から頭ごなしに、「お前はKの下につけ」と言われました。Kさんというのは、ぼくより七年先に吉兆に入った先輩です。年の上下はあれど、調理場というのは実力の世界です。おやっさんも、ぼくの腕が嵐山の店を任せるに値すると思ったから、京都行きを命じたはずです。

「ぼくはおやっさんから京都の店を任すと言われて来たんやから、Kさんの下につくのは嫌です」

そうはっきりと断りますと、鬼軍曹から、

「ほんなら、お前はそこにずっと立っとけ」

と言われました。むちゃな話でしたが、「ここで折れたらいかん」と思い、初日の八月四日は一日中、調理場の入り口に腕組みをしたままじっと立って、終日動きませんでした。

やがて店は閉店時間になり、しまいに調理場のあたりにいるのは一番下っ端の坊さんとぼくだけになり、その子には、

「兄さんに帰っていただかないと、ぼくが帰れません。どうか、店じまいさせてください」

と泣きつかれましたね。

鬼軍曹としても、じっと立っているぼくは不気味だったのでしょう。翌日、大阪の本店にいるおやっさんに話を聞きに行き、改めて「あれに任せてほしい」と言われたそうです。さすがに、吉兆のトップである湯木貞一の命令に逆らえる者はおりません。こうして、ぼくは、店の責任者としてようやく調理場に入ることができたのでした。

店の責任者となったぼくは、Kさんにもはっきりと告げました。

「ぼくの言うとおりに動いてくれるんやったら調理場に置くけど、そうやなかったら玄関番をしてもらうことになるで」

上の者の言うことは、絶対――これは職人の世界のけじめですね。Kさんもあっさりしたもので、「ほな、お前の言うとおりに動くわ」ということになり、やっとのことで、ぼくが嵐山の店を切り盛りする態勢が整いました。

この当時の嵐山の店は、とんでもなく暇な店でした。どれくらい暇かというと、冬の寒い時期など、一週間に二人が二組、合計四人しかお客さんが来ないということがあるくらいでした。

あまりに暇なので、Kさんなどはしょっちゅう調理場からいなくなりました。どこでなにをしているのかと思えば、近所にある散髪屋に行って、その店の方々と麻雀をしているのです。時間をつぶすのに、麻雀をするしかなかったのでしょうね。

昭和二十三年に開店して、それから二十年余り、閑古鳥が鳴き続けているのが嵐山の店でした。これまで通りにやっていては、じり貧になるのは明らかでしたから、責任者としては、なんとか手を打って、お客さんに来ていただける店に変えなければなりませんでした。

直接は言いませんでしたけれど、おやっさんもぼくにそれを求めていたのでしょう。この年の十月十六日、ぼくは湯木貞一の二女と結婚しました。料理人は店の経営者を「おやっさん」と呼びますが、その娘さんと結婚したことで、湯木貞一は名実ともにぼくの「おやっさん」となったのでした。

京都は野菜がいい

それまでぼくは、神戸、大阪、東京と常にお客さんで満席になる店にばかりいたものですから、このとんでもなく暇な嵐山の店をどうしようか、ずいぶんと悩みました。

日本料理の主役といえば刺し身ですが、京都でおいしい魚を食べるには、わざわざ明石から運んでくる必要があります。海までの距離の関係で、どうしてもいい魚は手に入りにくいので、京都で魚を売りにするのは少し難しい——。いろいろと考えて、ぼくは「やはり、京都というたら、野菜がいいのかなぁ」と見当をつけました。

今でこそ「京野菜」と呼ばれて有名になっていますが、その時分は誰も京都の野菜には注目していませんでした。しかし、少し考えてみれば、京都という土地は大きな川があって土が肥えていますし、季節にメリハリがあって野菜にうまみが乗りやすい。また、古くから都があって、野菜は朝廷への献上品でしたから、それを育てる技術には他の地域と一線を画するものがあるはずでした。

それまで嵐山の店では、特に工夫もなく近所の八百屋に並んでいる野菜を買ってきて使っていました。店の子たちも、それが当たり前だと思っていたようです。しかし、神戸で四年、大阪で五年、東京で五年、一生懸命料理をしてきたぼくは、材料のいい、悪いがわかります。すると、近所の八百屋の野菜はどうも気に入らなかったのです。

「八百屋にはないけれど、どこかにきっといい野菜があるはずだ」

そう考えたぼくは、京都の野菜を一から研究することにしました。とはいえ、このとき、京都のことはなにも知りません。京都のどこで、誰が、いい野菜を作っているかなど、皆目見当もつきませんでした。

そこでまず、京都府立大学の農学部長を務めておられた高嶋四郎先生に教えを乞うことにしました。高嶋先生は、この時分、京都の野菜の品評会で審査委員長を務めておられた方です。つまり、京都のいい野菜を熟知しておられるはず。

うちに出入りをしている果物屋のおやっさんが知り合いだというので、一緒に先生の研究室にうかがい、開口一番、

「先生、ぼくは料理人なんですが、京都の野菜で一番いいもんをご教授していただけますか」

とお願いしたところ、はじめに名前があがったのが、賀茂《かも》の「京都なり田」さんでした。

ここは今でもあるなすび農家で、「高嶋先生の一番弟子」を名乗る方が、賀茂なすを作っておられました。

いいものを手に入れる方法

高嶋先生に教えていただいたそのなり田さんのところへ、早速、賀茂なすをもらいに行ったのですが、最初はけんもほろろ。「高嶋先生のご紹介できました」と御主人に話しかけても、面倒くさがってまともに取り合ってもらえませんでした。

加えて、びっくりしたのが、そこで売られている賀茂なすの値段です。

「作っている方のところで直接もらうのだから、市場よりも安いだろう」

と思っていたら、その何倍もの値段を要求されたのです。ただ、たしかに、なり田さんの畑で作られた賀茂なすは、一目でわかる一流品でした。赤ちゃんの頭くらいの大きさで、なんともいえない深いつやがあり、色も濃いのです。

後に知ったことですが、なり田さんのところでは、毎年できる賀茂なすのうち、できのよいものを御所に献上しておられたそうです。その賀茂なすが東京へ運ばれて、東京でこの時分に「天皇の料理番」と呼ばれていた秋山徳蔵《とくぞう》さんに料理され、それを天皇陛下がお召し上がりになっていた。それくらい、いいものということですから、高いのも道理なのです。

さて、御主人には邪険にされましたが、そこらでは手に入らない一流の賀茂なすですし、こちらも意地になって諦めずに毎朝、畑に通い続けました。畑まで行けば、高いなりに賀茂なすを売ってはくれるのです。

そんな朝が何週間か続いた後、「いい賀茂なすを、なんとしても手に入れたい」というぼくの強い気持ちを汲んでくださったのでしょう。御主人が不意に、

「おまえな、畑に行って好きななすびを切ってこいよ」

とおっしゃったのです。このときは、本当にうれしかったですね。

その場で賀茂なすの目利きを教えていただき、天皇陛下に献上されるような、最高にできのいい賀茂なすを、畑から五つ採らせてもらいました。

市場で売っている賀茂なすは、基本的に前の日に採ったものです。すると、ど

うしても固くなるので、油でコロッと炒めた方がよくなります。一方、なり田さんの畑で採らせてもらった賀茂なすをその日のうちに料理に使うと、淡口しょう油を少し使ってそのまま煮るだけで、すぐに火が通って柔らかくなる。とてもいい味になりました。

その後、だんだんと値段も安くしてもらえるようになり、最後には市場で売っている値段の半分くらいで買えるようになりました。諦めずに一生懸命努力したら、いい材料が手に入るのです。

そんな調子で、高嶋先生に「京芋はあそこにあたれ」「キュウリはあそこや」「大根はあそこ」「ネギはあそこ」というように、野菜の種類ごとに、いつも品評会で優勝するようなお百姓さんを教えてもらい、京都中のいい野菜をそろえることができるようになりました。

その時分、嵐山の店に乗り物は50ccのカブが一台しかありませんでした。野菜を求めて、そのカブで京都中を駆け回ったものです。そして、そうやって手に入れた野菜を使って料理を作り始めたところ、だんだんと、店にお客さんが増えてきたのです。

これは五十年以上前のお話ですが、今でもぼくたちは、お百姓さんとお付き合いをして、店で使う野菜をじかにいただいています。休みの日は農作業のお手伝いに行ったりもします。

今どきはインターネットを使えば「どこどこの野菜がうまい」なんて話がたくさん出てきますが、そんな情報が役に立ったためしはありませんね。やはり、本当にいいものというのは、それを作っている方とお付き合いをしないかぎり、絶対に手に入りません。それを最初にぼくに教えてくれたのが、なり田さんでした。

「京都に吉兆あり」と言われるように

この頃は、東京と大阪では「吉兆」といえば少しは名が通っていましたが、京都ではまだまだ新参のよそ者。高台寺の土井、岡崎のつる家、それから南禅寺の瓢亭《ひょうてい》といった料亭が一流と言われておりまして、吉兆などという店は誰もご存じないという時代でした。

それでも、嵐山で一生懸命に料理をして、お客さんをおもてなししていると、ぼつぼつと祇園《ぎおん》や先斗町《ぽんとちょう》の芸妓さんが来てくれるようになりました。

京都の料理屋にとって、芸妓のみなさんにごひいきにしていただけるというのは、「いい料理屋」というお墨付きのようなものです。

芸妓のみなさんは、接待の宴席でお相伴《しょうばん》するなどして、普段から京都中のおいしいものを食べ慣れておられますから、まず料理がおいしくないと来てくれません。

また、みなさん、日本舞踊や長唄、三味線、お茶といった芸事に日々磨きをかけておられます。日本の文化に造詣の深い方ばかりですから、掛け軸やお花、器といった、日本料理屋のおもてなしを見る目も厳しいのです。

例えば、店の入り口で沈《じん》とか伽羅《きゃら》といったお香を焚《た》いていますと、香道を習っておられる芸妓さんなどは、「今日は伽羅やね」といったふうに、ピタリ当てられます。料理屋にとっては、手の内を見透かされる、じつにコワイお客さんです。

京都で料理屋をやるなら、芸妓のみなさんに「あそこの料理食べたいなぁ」と思って、使ってもらえるような店にならなければいけませんね。

さて、一週間に四人しかお客さんが入らないような店でしたが、いい材料を揃えて一生懸命に料理をしていますと、「ここの賀茂なすはおいしいで」とか「たけのこがむっちゃ甘いで」とか「ええ器を使ってる」というふうなうわさが立ったようで、徐々に京都の中で嵐山吉兆の名前が知られるようになっていきました。

そして、ぼくが仕切り始めて二年目には、二十五畳の部屋に四十人ほどのお客さんがいらして満席になり、それ以降はずっと満席が続きました。

この時分、京都府の知事を務めておられたのは蜷川虎三《にながわとらぞう》さんです。産業の振興に大変熱心な方で、売り上げが前の年と比べて百五十パーセント以上に伸びた府内の企業は、庁舎に呼んで表彰するということをやっておられました。

京都に赴任して二年目にこれを達成して、おやっさんとぼくとで表彰式に行きましたね。おやっさんはうれしそうにしていました。三年目は百五十パーセントまで行きませんでしたが、四年目に再び売り上げが百五十パーセント以上に伸びたものですから、再度、蜷川さんに表彰していただきました。

その頃になってくると、まわりの方々が「京都に吉兆あり」というようなことを、言ってくださるようになってきました。仕事にとてもやりがいが出て、夢中で働いた時代でした。

京都を教えてくれた方

すでにお話しをしましたように、ぼくはもともと神戸育ちで、大阪で修業した後、東京へ行って、それから京都へ来たものですから、嵐山に呼ばれたときは京都のことなんてなにも知りません。そんなぼくに京都という土地のことをいろいろと教えてくれたのが、中村清兄《きよえ》という扇子屋さんでした。

室町今出川《いまでがわ》を下がったところに「中村松月堂《なかむらしょうげつどう》」という平安朝から続いている扇子屋さんがありますが、そこの先々代の先生で、扇絵の名人です。そして、京都のことはなんでも知っている方でもありました。

中村先生は本当にしょっちゅう、嵐山の店に来てくださいました。毎晩五時頃になると、店に中村先生から「孝ちゃん、今どうしてる?」という電話がかかってきます。どうしているもなにも、仕事中なのですが、取りあえず「先生、食事まだ？」とお聞きすると、「まだや」とおっしゃる。「ほなおいでやす」と返す――というのが、ぼくと先生とのいつものやり取りでした。

とてもお元気な方で、店のある室町から嵐山まではいつも自転車に乗ってこられます。もう晩年の話ですが、先生が、

「あんな、孝ちゃん。自転車で走っとてな、地面が起きてくることほど怖いもんはないで」

とおっしゃった。なんのことかといえば、酔っ払ったまま自転車にまたがって、そのまま地面に向かって倒れていったという話です。今なら飲酒運転になりますが、当時はおおらかな時代でした。

「ひっくり返ってしもうたら、どっちへ向かってこいでいるかわからん。怖いでぇ」

と言いながら笑っておられる、そんな愛嬌のある先生でした。

中村先生については、面白い逸話がいくつもあります。

中村先生は、京都大学を二回卒業されています。中村先生が大学生の頃、日本

は戦時中でしたが、大学に通っている学生は戦争にとられないということで、一度卒業してすぐまた入り直し、絵を描きながら二度目の大学生活を過ごしたそうです。

二回目に卒業された後、昭和二十八年に日教組の教育長から命じられて山城《やましろ》高校の先生に就任されたのですが、その当時の先生といえば、みんな共産党に入らないといけませんでした。しかし、中村先生はこれを、「わしは共産党に入るのは絶対に嫌や」と断固拒否されたのです。

すると、どうなったか。中村先生が朝八時前に学校に行きますと、日教組の先生と生徒が一緒になってバリケードを作って、先生を校舎に入れてくれないのです。今からすればむちゃくちゃな話です。それで授業ができずに帰ってくるわけですが、そんな状態でも学校には半年間、毎日通っておられました。

それは、通勤していたという実績をつくるためです。それで、後に裁判を起こされ、そのとき日教組は二十万人だったのですが、その二十万人対一人の裁判でお勝ちになった。中村先生はそんな剛毅《ごうき》な方でもありました。

この裁判は当時、京都で大きなニュースになり、大珠院《だいしゅいん》というお寺にいた後藤瑞巌《ずいがん》老師という住職が耳にするところとなりました。妙心寺や大徳寺で管長を勤めておられた、それはそれは偉い方です。

その老師が中村先生と会ったときに、「ところで、この頃の新聞には『中村清兄』っていうあんたと同じ名前の人のことがいつも載っとるけど、知っとるか」とお聞きになったのです。中村先生が「いや、あれ私ですねん」と経緯を説明されたところ、老師が「気にいった！」とおっしゃり、その勢いで中村先生を大珠院の総代になされた、というようなこともありました。

料理人と絵心

中村先生の本職は絵描きです。今でも中村松月堂は表千家、裏千家、官休庵《かんきゅうあん》といった主だった茶道流派のお出入りです。扇子は茶道の大事な道具ですが、みなさん、中村松月堂の扇子じゃないと気に入らないのです。

それで、ある流派に納品が決まれば、何百から何千という扇子を中村先生が一人でこしらえます。忙しいときには、一晩で一千枚くらいの扇絵を描かれることもありました。

そんなとき、ぼくは中村先生の横についてよくお手伝いをしたものです。

ぼくが中村先生の前に扇子の紙をどんどん送り、そこに先生が筆で扇絵を描いていかれるのですが、その筆遣いといえば本当に見事なものでした。筆先から水が流れ出るように、それでいて極めて緻密に、あらゆる絵を描かれました。

おやっさんも中村先生のことが大好きでした。

その頃は高原杓庵先生や、大徳寺の塔頭《たっちゅう》・如意庵《にょいあん》の立花大亀《だいき》和尚といった方々がしょっちゅう嵐山へ遊びにこられていたわけですが、おやっさんが嵐山の店に出てくる際には、みなさんを呼び集め、そこに中村先生も加わって、一緒に食事をしながらわいわいわいとやっておりました。

中村先生に、

「おい、孝ちゃん、紙を持ってきてや」

と言われるままに、ぼくが紙を持っていくと、中村先生がおもむろに筆を取り出して、目の前でササッと美しい絵を描いてくださいます。その場にいらっしゃった杓庵先生や立花和尚、時にはうちのおやっさんも、ぼくの持っていった紙に絵や字を書きながら、楽しそうに食事をしておられました。

みなさん遊びで描いておられる落書きなのですが、風情があり、見事なものでした。おかげで嵐山の店には、そんな経緯で描かれた掛け物がたくさんありまして、今でもお座敷で使わせていただいております。

ぼくも献立の紙に、二月でしたら梅の絵、三月なら桜、桜にも種類があって、山桜とか紅枝垂《べにしだ》れ桜……といったように、筆で絵を入れるというようなことはやっていましたが、錚々たる先生方が絵をお描きになるのを横で見ながら、

「料理にも絵心が大切なんやなぁ」

ということに改めて思い至りました。

考えてみますと……おやっさんが器の料理を見て、

「ちょっとお箸を貸して」

と言い、すっと盛り方に手を加える。すると料理が見違えて、花が咲いたように美しくなったものです。ああしたことは、なかなかにできるものではありません。やはり、美に対する感覚が優れていたのでしょう。

料理の第一は味のおいしさですが、ことに日本料理においては、そのおいしさのうえに、季節の情緒や色彩をいかに加えるかが大切です。盛り付けは、なんでも順番に載せるのではなく、器を背景に料理で絵を描くつもりでないといけませんね。こうしたことができるかどうかで、仕上がりは非常にちがってきて、ひい

てはおいしさが増すのです。

むかしの嵐山吉兆は、絵やら、お茶やら、お花やら、俳句やら、陶芸やら、掛け物やら……そういう、日本の美術文化を担っている方々がお客さんとして集まり、宴に花を咲かせる拠点でした。そんな環境で、名人たちの制作風景を見る機会が頻繁にありましたから、ぼくにも多少、絵心というものが、わかるようになったのです。

自分で部屋を作る

ぼくが行った年は閑散としていた店が、明くる年には連日の満席になりました。急にお客さんが増えたものですから、座布団が足りない。かつてぼくが働いていた大阪の高麗橋にある本店まで三十人分の座布団やお膳を自転車に乗って借りに行くこともありましたが、三十人分ともなれば、もう大変です。

ですが、ぼくが東京で働いている間に入ってきた大阪の若い衆が、京都から座布団やお膳やらを借りに来たというと、

「なんで京都の店で、そんなようさん座布団を使うねん」

などとばかにするのです。五十数年前の嵐山の店は他店にそんな扱いをされていました。

それでおやっさんに、

「ぼくのことを知らん大阪の若い衆が、偉そうに言いおるさかい、京都でも座布団を買うてよろしいか」

と頼んだら、うん、買えや、ということになりました。

それまでは、本店の許可がなければ二万円以上の買い物はできなかったのですが、おやっさんの許可が出てからは、座布団やらお膳やらをどんどん買いそろえていきました。たった一年足らずで、閑古鳥の鳴いていた店がそれほど忙しくなったのです。そのうち、本店よりも備品が増えて、逆に本店から「お膳を貸してくれ」なんて借りにくるようになりました。

やがて、座布団どころか部屋が足りなくなってきました。

工務店に建物の拡張工事をお願いしたら、

「すでに建ぺい率いっぱいやから、建物を広げるのは無理や」

と請け合ってくれません。仕方がないので、大工さんを一人雇って、ぼくが建築設計から材木の仕入れまでを自分でやることにしました。そのときに、いろいろと相談に乗ってくれたのも、日本の建築に造詣の深い中村先生でした。

例えば、嵐山店には門から入って正面に書院造りの「待幸亭《たいこうてい》」があり、その右側に東屋で二十五畳、正面左側が母屋で十畳と六畳、ぐるり廊下、その上の二階に「千鳥の間」と小間が一つありました。一階の奥には大きな手洗いがありましたがそれを移動し、部屋を広げて五十畳という大広間に仕上げました。いずれの部屋も、中村先生に手伝ってもらいながら、お金をかけずにぼくが自分で作り上げた部屋です。

それから四十五年以上がたち、途中で大きな地震にも遭いましたが、ビクともしていません。

やはり自分で建物を作るようになってみると、いろいろと新しいことをしたくなるものです。

例えば、男性用の小便器で用を足しているときに、水が流れる仕組みを考案しました。また、今でこそ掘りごたつをしつらえた料理屋は当たり前になりましたが、当時はそんなものを備えた料理屋はありません。そんな時分に、天板には分厚いチーク材、座面には縁なしの畳を使い、掘りごたつの床には厚い目の大理石を敷き、夏は冷たく、冬は温風機で大理石を温めるという部屋を作ったりもしました。

部屋の天井に網代《あじろ》を張ったら面白いなと思って、業者さんに相談したこともあります。しかし、そんなん、ようしません、とおっしゃるものですから、

「かまへん、そんなら自分でやるわ」

と言って、それも自分で作りました。日本画家・橋本関雪《かんせつ》さんの息子さんの橋本節哉《せつや》さんが書かれた『日本の住宅』という本に、ぼくの編んだその網代の写真が掲載されています。

桂離宮の有名な藍と白の市松模様の襖《ふすま》に対抗して、純金と白で市松模様を描き、その上に水衣《みずごろも》という紗《うすぎぬ》を貼った襖を作ったりもしました。純金で作ってあるので、今でも色あせません。この部屋にロウソクを持ち込んで、その明かりの中で踊りなんかをすると、光の波がチラチラとして、夢でも見ているような感じになります。

こんなふうにして、嵐山の店の中に新しい部屋をどんどん作っていきました。

ぼくが自分でなんでも作るので、中村先生も面白がって、

「次はこんなん作ってみようや」

などと提案をされて、二人で一緒に、楽しみながら部屋作りをしたものです。

ぼくは兵庫県の田舎で育っていますから、むかしから蛍かごや草履、四つ網なんかはすぐに作りました。その延長で、部屋も作ったようなものです。料理人であれば手先が器用に使えないと面白くないと思いますが、今の子には、こういうことは、なかなかできないでしょうね。

師匠はお客様

「商売はお金より、いいお客さんに恵まれることの方が大切や」

おやっさんはいつもそう言っておりましたが、ぼくも本当にその通りだと思います。

あるとき、村田機械の創立者・村田禎介《ていすけ》社長が、京都中央信用金庫の創立者であられる小島常三郎理事長、京都青果の内田社長とご一緒にお見えになり、そのときの料理を大層気に入ってくださいました。

お帰りぎわ、座敷へいらっしゃい、とのことでしたので、御挨拶に上がりましたところ、

「今日の料理は大変よかった。これから、この三人が交代で、月に一回、ここで御飯を食べる会を作ったる」

とおっしゃり、「京都吉兆会」と名づけた会を作ってくださったのです。

毎日毎日、心を込めて、料理に励みましたが、このお三方は大層な美食家であり、同時に、えらく焼もちやきでもありました。

京果さんの社長室へ呼び出されては、

「昨日の料理より、先月の村田さんの当番のときの料理の方がよかったで」

と言われたり、村田さんにも、

「先月の小島さんの当番のときの方が器の趣向が面白かった」

などと言われたりしながらも、お三方それぞれが、月に八回、多いときでは十三回もお客さんをしてくださいました。

ぼくは修業時代、見栄えがして、ただおいしい料理を作ることを目標としていました。

それから吉兆でおやっさんに出会って、単においしい物から、本物の日本料理のあり方、料理屋のあり方を知るわけですが、それらを実践して、ぼく自身で試行錯誤をする機会は、この京都吉兆会で与えていただきました。

お三方に喜んでいただくために、献立をいろいろと考えて、いい材料を探したり、時には料理に「遊び」の要素を取り入れたりと、精いっぱい考えて、本当にさまざまな工夫をしました。

一人前になった料理人にとって、手本となるのは、店の料理長ではありません。それでは、どんなに励んでも、その人の上には伸びません。

では、本当の手本はなにかというと、作った料理を食べてくださるお客さんなのです。

ぼくたち料理人は、日々、料理を食べたお客さんの反応を見ながら、自分の料理を研鑽し、成長していきます。

ですから、お帰りの際に、

「今日のあれはおいしかったで」

とか、

「あの遊びはイマイチやったな」

という生の声を料理人に返してくださる方は、いいお客さんですね。

この時分、ぼくは三十一歳でした。

寝る暇もないほど大変な毎日ではありましたが、この時期があったからこそ、今のぼくの料理があるのだと思っています。吉兆会のお三方には、本当にいいお勉強をさせていただきました。

料理に「遊び」を取り入れる

店が京都の嵐山にあったことは、ぼくにとっては幸いでした。京都は古くから都がありましたから、日本文化の面白みというものが、そこら中にあるのです。普段から目に映るもの、手に触れるもので、

「あ、これは面白い」

「これは料理に使える」

と思うものがあったら、なんでもすぐに料理に取り入れました。

そんな「遊び」の要素を入れた料理でお客さんをおもてなしして、それを喜んでもらえたら、それはもう、料理人としては心の底から楽しくて、「よっしゃ！やった！」という心持ちになりますね。そのようにして作った料理のいくつかをここでお話しいたします。

京都の壬生寺《みぶでら》では節分の時期に「炮烙割《ほうらく》り」という行事があります。舞台から何百枚もの炮烙という素焼きのお皿を落として割るという狂言の演目です。

その行事から着想を得て、炮烙に「壬生大念佛・厄除」と書き、お客さんに木槌でパーンとたたき割っていただくと、中からお多福の絵と料理が出てくる、「炮烙割」という料理を考えました。お客さんの厄よけをさせていただくという気持ちを込めた料理です。

二月の節分どきに、嵐山の店でこれを出しましたところ、料理の器を木槌で割るというのが面白いと、お客さんには大層喜んでいただけました。

妙心寺の塔頭に大珠院というお寺がありますが、そこの老師さんとお話しをしているとき、目の前の大きな池にあった蓮の葉を見てふと、

「あれ、料理に使ってみたいな」

と思いました。

「老師さん、あの蓮の葉っぱ、十枚ほどもろうてよろしいですか」

と頼んでみましたら、

「おお、目立たんようにとるんやったらええよ。持っていけ」

と許してくださる。その十枚くらいを持って帰って、遊びで料理の器に使って、その上にお造りを載せてみると、お客さんがとても喜んでくださいました。特別な器に料理を盛り付けるのもいいものです。評判がよかったので、毎日のように二十枚、三十枚ともらいに行ったところ、池の蓮が坊主になっていき、さすがの老師も、

「もう葉っぱをとるのは堪忍してくれ!」

と悲鳴をあげられたのは、よい思い出です。

竹の皮に純金箔を貼ったものを料理の器にしたこともあります。これは、江戸時代の絵師・尾形光琳《おがたこうりん》の故事にちなんだものです。

光琳さんが諸大名や公家方と嵐山の三舟祭りで舟遊びをしたときのこと。お昼どき、大名や公家方が豪華なお重の弁当を広げる中、光琳さんが懐から取り出したのは、質素な竹の皮で包んだ握り飯でした。

まわりの方々はそれをばかにしましたが、よく見ると、なんと竹の皮の内側に

は金箔を貼った素晴らしい絵が施されていました。驚く大名やお公家方をよそに、握り飯を食べ終えた光琳さんは、その竹の皮を目の前の川に無造作に流してしまった――そういう話です。

この故事にいささかちなんで、竹の皮の内側に金箔を貼らして、料理の器として使ったところ、これが黒塗りの半月の膳によくうつって、とても美しいのです。これも大変好評で、お客さんにとても喜ばれました。

これらは、いずれも、四十年も五十年も前にぼくが考えた趣向ですが、今は、京都中の料理屋さんに広まっています。みなさんがまねをしてくださるというのは、それが「いいもの」だったということですから、考案者としてはうれしいことですね。

ただ、遊ぶにしても、伝統に根ざした、由緒由来があることをやるように心がけてきました。そうでないと、見栄えだけのつまらない料理になってしまいますね。材料だけではなく、お箸から、器から、日本の歴史の景色を召し上がっていただこうと思って作っています。

京都のお寺の蓮の葉の上に載った料理を、京都で食べるから意味があるのです。

そして常々、そのような意味を大事にしながら仕事をしていると、いわゆる店の「ブランド」というものが少しずつ形作られていくのだと思います。

湯木貞一と松花堂弁当

ぼくが嵐山の店にきてから積極的に新しい料理を作ってきたのは、やはりおやっさんの影響が大きいと思います。

おやっさんは、ぼく以上に新しい料理を考えるのが好きな人で、

「日々、新しい工夫がなければいけない、昨日までの自分ではいけない」

とよく言っておりました。

おやっさんは料理にとどまらず、器も新しくて面白い物をいろいろと作りました。お弁当に松花堂というものがありますが、これを初めて考案したのはおやっさんです。

おやっさんが大変お世話になった方に、武者小路千家《むしゃのこうじせんけ》官休庵《かんきゅうあん》の木津宗詮《きづそうせん》宗匠《そうしょう》がおられます。この宗匠は常々、おやっさんに、

「茶が好きになるように心がけなはれ。時間の許すかぎり、茶をたしなみなはれ。お茶と、料理は、紙一重の妙味があるさかいに、それがわかるようになりなはれ」

とアドバイスをしてくださったといいます。

これは、吉兆という店の根本になっております。

昭和七年、この宗匠が大阪と京都の中間あたりに位置する八幡で釜をかけられ、おやっさんが招かれました。そのときの庵が、寛永三筆の一人で文人、数寄者でもあった松花堂昭乗《しょうかどうしょうじょう》の庵でした。

その小さな庵に、深さ三、四センチで、中を十文字に四つに仕切った四方箱が五、六個重ねてありました。昭乗さんがたばこや薬といった小物の整理に使われていた箱で、土地のお百姓さんが籾《もみ》をまくときに使っていた仕切り箱を参考にして作られたそうです。昭乗さんは、その四方箱を春慶塗《しゅんけいぬり》にし、四隅に銀金具を施してお使いになられていたようです。

この箱を見たおやっさんは、「これは料理の器にも使える」と思い、後の昭和十二年、その箱を模した弁当箱を作らせました。

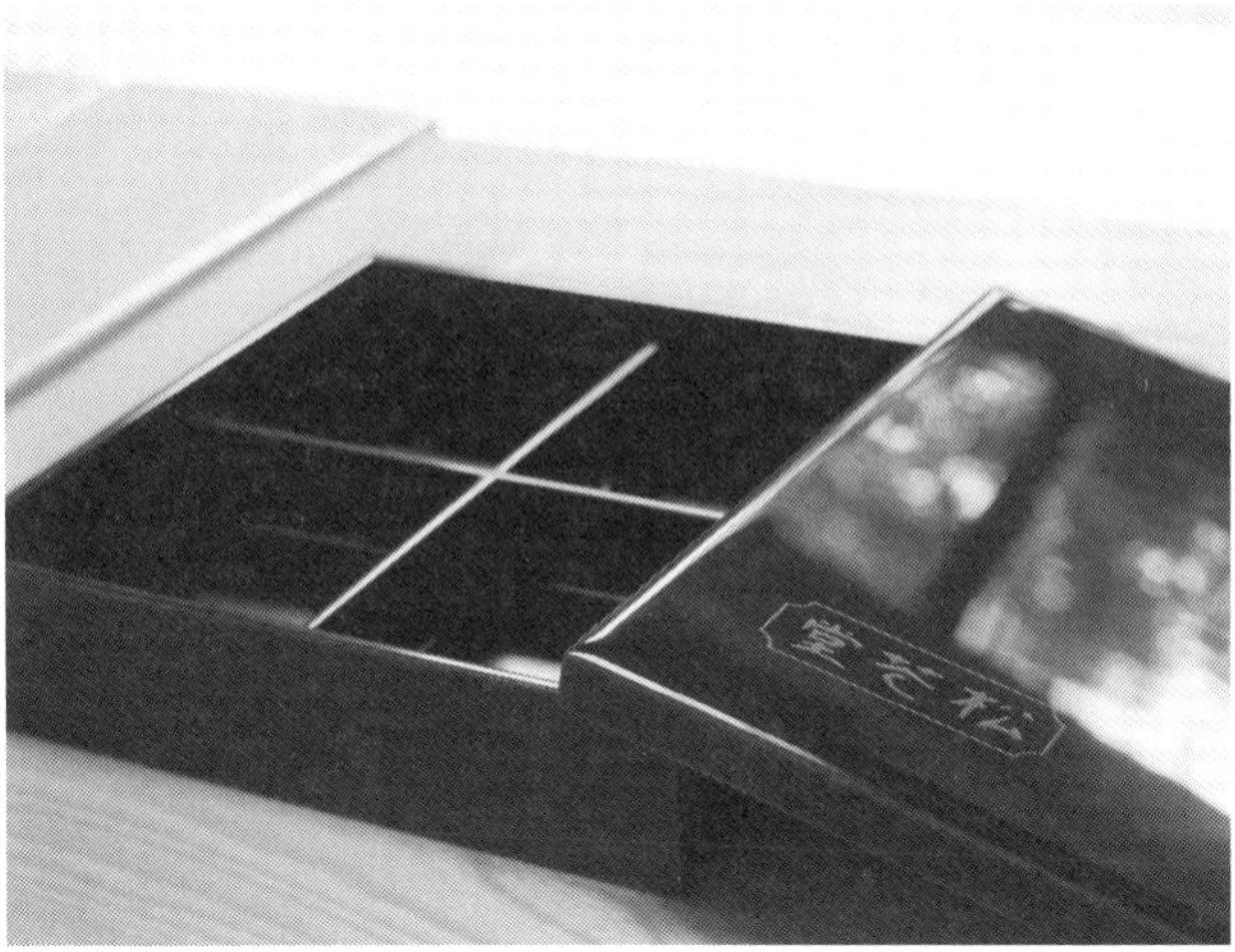

松花堂弁当は吉兆で生まれた

そして、「松花堂弁当」という名前で売り出したところ、それを当時の毎日新聞が「吉兆前菜」として取り上げて、大評判になりました。

このときのことについては、おやっさん自身、

「これほど、もてはやされるとは思ってもいなかった」

と言っておりました。

松花堂弁当はその元となった四方箱をふた回りくらい小さくし、少し深くしました。中が四つに分かれていまして、入るものにはだいたいの約束があります。

右上には木皿に入れた向こう付け、これは

京都ならぐじの細造り、大阪なら鯛の刺し身といったものですね。左上には口取り、つまり前菜と焼き物を入れます。左下は、染め付け皿に盛った炊き合わせ、右下にはご飯。そして、吸いもの程度のお椀とぐい呑を別に添えて、それでひとまとまりになります。

半月弁当とか大徳寺縁高《ふちだか》ほどにはお茶の風情はありませんが、中の仕切りが味をまじらないようにしますから、出前などの点心用弁当箱としては非常に重宝されました。召し上がるときも、あれを食べて、これを食べてと、なんともいえない楽しさがあります。

いいものがまねをされるというのは世の常ですね。

特許なんてとりませんから、おやっさんが始めた松花堂弁当もすぐに他の料理屋さんにまねをされて、今ではどこでもやっております。フランスのパリでも売られているほどです。

しかし、おやっさんはそのことを決して自慢せず、ぼくが、

「特許をとりはったらよかったのに」

と言っても、

「最初に考えて作るのが楽しいんや」

と笑っておりました。

新しい材料、新しい料理法

おやっさんは新しい材料や料理を、それまでの懐石の中に思い切って飛び込ませました。

日商岩井という会社があります。元は米騒動でつぶされた神戸の鈴木商店といいましたが、そこの会長だった高畑誠一さんも、うちをごひいきにしてくださった大切な、大切なお客さんの一人です。

時代の先を読める方で、二十歳の頃に絹の買い占めをして大もうけしたという話をぼくも聞きましたが、文化人でもあり、茶の湯のことではおやっさんとよく話が合いました。ゴルフにもお詳しくて、おやっさんをなんとかゴルフ仲間に加えようと腐心されておりましたね。もっとも、おやっさんは、

「そんな暇があれば本を読みます」

といって、ゴルフは決してやりませんでしたけれども。

ヨーロッパにしょっちゅう行っておられる方でしたから、旅先で新しい材料を見つけては、「こんなおいしいもんがあったで」と言って、キャビアやフォアグラやスモークサーモンなどを店まで持ってきてくださいました。昭和三十一、二年頃の話ですね。

今ではどれも当たり前にあるものですが、当時の日本では誰も知らない材料でした。それで、おやっさんが食べてみたら、たしかにうまい。そういうわけで、例えばキャビアは、うちの店で一時期お茶漬けに使っていました。

キャビアやフォアグラやスモークサーモンといった新しい材料を、料理屋の中でもうちの店がいち早く使えたのは、高畑さんのおかげです。そして、そういう面白い材料を知ったらすぐに使ってみるという、おやっさんの柔軟な感性と機敏さも、あったと思います。

料理屋で初めて肉の網焼きを始めたのもおやっさんです。

切っ掛けは、ほんのささいなことでした。

ぼくが昭和三十二年の夏休み、乗鞍《のりくら》に山登りに行った際に、小さなコンロを見つけたのです。そのコンロは火山灰を固めて作ったもので、どれだけ炭を焚いても、まったく熱くならないのです。「これは面白いわ」と思いましたね。十個ほど買って帰り、おやっさんに、

「このコンロ、なんぼ炭をカンカンに焚いても、熱くならへんのですわ」

と見せると、

「ほんなら、これに炭を入れて、網載せて、お客さんの前で肉を焼いてみようや」

ということになりました。

網は試行錯誤をしましたね。最初は純銀を編んだ小さい網を作ったのですが、これは一回使ったらフニャフニャに変形してしまいました。これではいけないということで、最終的には丸い銀の板から網の目を抜いたものになりました。

それで肉を焼いて、肉の好きな外国の方にお出ししたのが、料理屋ではうちが最初であったと思います。お客さんの目の前で肉が焼けるものですから、見た目にも面白く、大変喜ばれました。

あまりに評判が立ったものですから、知らない間に他の料理屋さんがうちに業者さんと一緒に食べに来られて、その場で「こんなんほしいねん」と言って作らせていたようです。今となっては全国の料理屋で出される料理になりましたね。

ぼくもおやっさんを見習って、新しい材料は積極的に料理に使いました。キウイフルーツを、日本料理屋で初めて使ったのはぼくだと思います。

果物専門店の千疋屋《せんびきや》が出した『世界の果物』という本の中に、「キウイフルーツという果物がニュージーランドで盛んに栽培されている」というようなことが書いてありました。それなら一度、手に入れてみようと思い、京都青果の内田社長に頼んで、コンテナ一個分のキウイフルーツを輸入してもらいました。

京都に来て二年目の昭和四十二年の頃の話です。

見た目はけったいな果物でしたが、試しにお客さんに出してみたところ、みなさん「おいしい」「こんなん食べたことない」と言ってとても喜んでくれました。

特に新しいもの好きの芸妓さんに評判がよくて、程なく京都中でうわさになりました。

コンテナ一個となるととても使い切れないので、店では大きいキウイフルーツを使って、小さいものは祇園の石段下にあった果物屋の八百文《やおぶん》に回したのですが、ここでも評判がよかったのでしょうね。「これは商売になる」と思って、京都青果さんは、その翌年に船一艘《そう》分のキウイフルーツを輸入されました。船一艘というとんでもない量なので、京都だけではさばききれなくて、東京や大阪にも回したそうです。

そこからキウイフルーツは一気に日本に広まって、その翌年の昭和四十三年には、全国で売られるようになりました。

一歩前進、半歩後退

日本料理というと伝統や様式美も大事ですが、古いことを大切にしながらも、日々、新しい工夫をしなければいけませんね。

「この料理はこうするものである」とか「こういう材料を使うものである」といった約束事に縛られて物事を決めてかかっては、進歩がありませんし、面白くもありません。そのことをおやっさんに教わったぼくは、常に新しい味に挑んでみたいと思って料理をしてきました。

これは企業秘密になるのかもしれませんが、新しいことをやるにしても、「一歩前進、半歩後退」が一般の方に受ける一番大事なことです。店の子らにも、「お客さんより一歩前進して、半歩後退した料理を作るんやで」

ということを常に言ってきかせています。

ぼくたちは毎日のように材料を触って、四六時中、料理のことを考えていますから、新しい料理にしても、ちょっと進みすぎたことを考えてしまう。ところが、工夫に工夫を重ねて、重ねすぎて、進みすぎたものは、お客さんがついてきてくれませんね。そこからあえて半歩後退して、みなさんに馴染《なじ》めるようにすれば、ついてきてくださる。

これは、嵐山の店で長年大勢のお客さん相手にしてきましたから、実感としてわかっています。

現役の頃は一週間にいくつも新しい料理を考えたものですが、最初のうちはなんどか独りよがりの料理を作ってしまい、お客さんに「今日の料理はなんや難しかったわ」というようなことを言われたこともありました。

しかし、「一歩前進、半歩後退」を心がけるようになってからは、お客さんの反応も、たまに様子を見に来るおやっさんの評価も、見違えてよくなりました。

嵐山の店におやっさんが来るたびに、そのようにして作った新しい料理を見せました。すると、その明くる週になったら、東京の店でも大阪の店でも、同じ料理が出ていましたね。

長谷川一夫という役者さんも、自分の芸のことで同じようなことを言っておられましたから、料理にかぎらず、一般の方に広く受け入れられる新しいものというのは、往々にしてそういうものなのでしょう。

料理人の喜び

ぼくが料理を作る楽しみは、お客さんに褒めていただく、ただもうそれだけです。褒めていただくのが本当にうれしくて、それで一生懸命お客さんに喜んでもらえる料理を作っています。

単においしいというだけではなくて、その上に、華やかさや、逆にわびさびといった、言うに言えないものが漂っていてこそ日本料理です。それを感じられるように、お軸、お花、花入れ、お香、器……料理のまわりにあるあらゆるものに心を砕きます。

その根底にあるのは、茶の湯の精神ですね。おやっさんであり、料理の道の師匠でもある湯木貞一は、もてなしの極みが「お茶事」、料理の極みが「懐石」であると言い切りました。

「工夫して　心くだくる思いには　花鳥風月　みな料理なり」

そう歌にも詠《よ》んでいます。茶の心得でもって、調理し、接待することこそ、日本料理人のおもてなしなのです。

十人のお座敷の中に一人だけでも、料理がおいしいと褒めてくださったり、場に合わせた掛け物を褒めてくださったり、花入れのことを褒めてくださったり、タイミングよく出てくる道具と料理のことを褒めてくれたり……ぼくたちのおもてなしをわかってくれる方々がいてくだされば、本当にやりがいを感じられます。

ぼくは自分がおもてなしをしたお客さんがお帰りになるときは、必ず玄関までお見送りしますが、

「今日の料理はとてもよかった」

と褒めていただけると、小躍りするほどうれしいのですね。なにも言われないとき、それは気に入らないことがあったのかもしれませんから、そんなときは大いに反省をします。

そんなふうに、一喜一憂しながら、一生懸命に料理をしてきたわけですが、嵐

山で長くお付き合いをしていた扇子屋の中村清兄先生や、おやっさんの親友だった高原杓庵先生、裏千家筆頭宗匠の浜本宗俊《そうしゅん》さん、大徳寺の立花大亀和尚といった方がだんだん亡くなられていき、おやっさんが九十七歳で逝ってしまったときに、

「これでぼくのやっている料理をわかってくれる人はいなくなった。もう褒めてもらえへん」

と心底寂しくなりました。

そう思ったら、途端に張り合いがなくなってしまいましたね。自分の料理をわかってもらえて、褒めてもらえるのがうれしくて、半世紀以上も料理をやっていたのです。動機はそんなものです。

やはり料理人は褒めてもらってなんぼ。褒めてもらえなければ、駄目なのです。

白洲次郎さんと親子丼

おやっさんに任された嵐山の店ではいろいろな方をおもてなしいたしましたが、なかでも印象に残っているのは、白洲次郎さんです。

昭和六十年の秋頃のことです。

作家の白洲正子さんが嵐山の店にいらっしゃいました。正子さんは伊賀から近江にかけてのお寺が好きな方でした。伊賀上野にぼくたちが「土楽《どらく》さん」と呼ぶ、陶芸家の福森雅武という方がおられますが、その土楽さんに車を運転してもらって、あちこちのお寺を回られていました。そういう旅のついでに、嵐山のぼくの店までよく足を延ばしてくれていたのです。

このときも、ぼくが仕事をしているところに、正子さんが、

「孝ちゃん、親子どんぶり食べさせて」

とやってこられました。

「どうぞ、どうぞ」

とお招きすると、正子さんは、

「今日は一人、オマケがおんねんけど……」

とおっしゃる。そのオマケが、たまたま奥さんの旅行についてきた夫の白洲次郎さんでした。戦後の吉田茂首相の懐刀といわれた方です。

嵐山の店は調理場の奥に二畳の仏間があるのですが、そこに上がっていただいて、お二人にぼくの作った親子丼を召し上がっていただきました。播州網干《ばんしゅうあぼし》で農薬を使わずに作った米と、田中というかしわ屋さんが放し飼いで育てた鶏とその卵を使った、シンプルな親子丼です。

このとき、次郎さんが親子丼を召し上がりながら、ふと思い出したように、話し始めました。

「ぼくなぁ、神戸の花隈の中現長という料理屋のおかみさんに助けられたんや」

商売でイギリスに渡っていた両親に代わって自分をかわいがってくれたのが、

近所にあった中現長のおかみだった。うなぎなんかをよく食べさせてくれた。生きるか死ぬかの病気をしたときは、何日も付きっきりで必死で看病してくれた。彼女のおかげで、自分は今日まで生きているので、心からのお礼が言いたい――そういうことを、突然、語られたのです。横にいる正子さんは「そんなん、初めて聞くわ」なんておっしゃっていました。

びっくりしました。中現長のおかみといえば、ぼくのおやっさんの湯木貞一のお母さん、湯木やゑさんなのです。次郎さんたちがお食事をされている仏間は、そのやゑさんを祀《まつ》ってあるところなのです。

あまりの巡り合わせに、ぼくは興奮してしまって、つい、

「今、次郎さんがお話しになってるその『おかみさん』いうのは、この吉兆の先代のお母さんですがな！　九十すぎまでお元気でこの嵐山にいてはりました。ほら、そこの仏壇にあるのがおかみさんの位牌です！」

と大きな声が出ました。

次郎さんにも思いもよらないことだったようです。箸を止めて一瞬ぽかんとさ

れた後、仏壇に歩いていかれて、位牌を抱きかかえながら、「おかみさん!」とむせび泣いておられました。体の大きな次郎さんがわんわん泣かれるものだから、驚きましたね。

たまたま奥さんの旅行についてきて、たまたま立ち寄った料理屋で、たまたま仏間に通されて、そこでたまたま子どもの頃の命の恩人に会ったということです。偶然と言ってしまえばそれまでですが……ぼくは運命が次郎さんとやゑさんを会わせてくれたのだろうな、と思います。

おやっさんが御主人である吉兆の親子丼の中には、お母さんの湯木やゑさんから受け継がれた味のようなものがあって、それがこの折に、次郎さんの子どもの頃の記憶を呼び起こしたのやろな、そう思うんです。

人の世の不思議な縁で、これが、次郎さんが亡くなる八日前のことです。

ぼくの目の前で親子丼を食べていた次郎さんは元気いっぱいでしたので、訃報を伝え聞いたとき、にわかには信じられませんでした。がんだったと聞きましたが、亡くなる数日前に急に体調を悪くされて病院に行くまで、ご本人もまわりの人も、次郎さんが死ぬなんて予期だにしていなかったそうです。それだけ突然のことだったのです。

ただ、亡くなる直前に、ずっと会いたいと思っていた人に会うことができたというのは、よかったのではないでしょうか。あれだけ元気な人が突然に亡くなったことは悲しいことではあるのですが、自分の作ったものを召し上がっていただいて、最後にあれだけ泣いて喜んでもらえたというのは、「料理人冥利に尽きるな」なんてことを、ぼくは思うのです。

上・改築を重ねる
嵐山吉兆。
看板は湯木貞一が
書いた字に、
毎年著者自ら白墨で
上塗りしている
下・嵐山吉兆の
昭和30年代までの外観

上・庭のしつらえも
料理の一部
下・自分で部屋をつくる。
天井の網代も
著者自ら編んだ

上・器は料理の衣装
（乾山造「牡丹絵」）
下・魯山人の器は、
リンゴ箱で送られてきた
（北大路魯山人「雲錦鉢」）

厨房に立つ著者

第三章　四季の材料

掘りたてのたけのこ

京都で一番の材料と言えば、まず、春のたけのこです。

京都のたけのこというのは赤土にできていますから、手入れがいいのです。前の年にたけのこが生えた場所に、赤土とわらを混ぜて腐らせたものを新しく三十センチほど入れます。すると、その柔らかい土のところにたけのこが生えてきます。

むかしは、そうやって一本一本のたけのこを大事に作ってきましたが、この頃はそういうことをしているお百姓さんはほとんどおられませんね。少し前に『美《お》味《い》しんぼ』という漫画原作者の雁屋哲《かりやてつ》さんが取材に来られたので、たけのこ掘りに一緒に山に入りましたが、そこは土入れをしているような山ではありませんでした。

京の西方に桂というところがございますが、その桂からずっと西にかけての長岡京のあたりの竹林が、たけのこでは一番と言われています。ただ、この桂も今はもう住宅地になっていて、長岡京も竹やぶが減ってきています。

たけのこという食材は、なにをおいても新しさが大事です。掘りたてほどおいしいもので、朝掘りのものが一番です。

ぼくが京都の嵐山へ転勤した翌年の春のことになります。桂に小野勘というたけのこ屋がありまして、毎朝十時頃に、そこのおじいさんが朝掘りのたけのこを店に持ってきてていました。あるとき、そのおじいさんから、

「たけのこは掘ってすぐに湯がいて食べると、むっちゃおいしいで。掘った直後なら生でも食べられる」

ということを聞きました。それを聞いて動かなければ、料理人ではありませんね。

「ほんなら、その掘りたてをもらうには、何時頃に行けばよろしいか」と時間と場所を聞き、店の子には「湯を沸かしておいてくれ」と言いつけて、教えても

らった翌朝の五時にカブで竹やぶの入り口まで行き、おじいさんを待っていました。

夜が明ける前の真っ暗な中を、小野勘のおじいさんが細長い鍬《くわ》をかついで来られたので、一緒に竹林に入りました。歩いた後に足跡が残るくらいの柔らかい赤土が敷き詰められた、大変手入れの行き届いた竹やぶです。

その頃には、少し空が白み始めていました。すると、やはりプロです。おじいさんは、朝の光の中、地面に浮き上がったかすかなヒビ割れを見つけて、そこに素早く鍬を入れて、たけのこを掘り起こすのです。竹林は落ち葉だらけで、ヒビ割れは、ぼくらが見てもまずわかりません。

そのようにしておじいさんが掘り出したたけのこの中から、大きく姿のいいものを五本ほど――これで、三、四十人分の料理になります――選ばしてもらい、カブに載せて急いで持ち帰りました。店に着いたらさっと土を落として、根の方と頭を少しだけ切り落とし、沸騰した大鍋に、ぬかと一緒に手早く入れます。約十五分湯がいたら、土間にブチあけて自然に冷まします。

ふつう、たけのこは、皮をつけたまま、ぬかと唐辛子を入れた湯の中で小一時間はかけて湯がかなければいけません。でなければ、しつこいえぐみが抜けないのです。ところが、掘ってすぐのたけのこを湯がけば、十五分ほどでじゅうぶんに柔らかくなって、えぐみもしっかりと抜けるのです。これは、鮮度の問題ですね。食べものはすべてそうで、鮮度が命です。

さて、湯がいたたけのこが完全に冷めたら、水でぬかを洗い落として、皮をむき、昼と夜のお客さんをお待ちします。その日のお客さんに合わせて包丁を入れ、酒と水をタップリはった鍋で炊く。煮えてきたら、これまたタップリと削りたての鰹《かつお》を入れ、できあがる少し前に淡口しょう油で味を決めます。

砂糖や化学調味料は一切使いません。たけのこが元から持っている甘みと最初に入れた酒の甘みだけです。それだけで、本当に柔らかくて、風味豊かな、おいしいたけのこにできあがります。このたけのこを使えば、どんなに下手な人が料理をしても、おいしくなります。材料そのものが、最高においしいからです。

この鍋の鰹を丁寧に取り除き、たけのこを器に盛って、あらく刻んだ木の芽をたっぷりと載せてお出しします。たけのこに木の芽の色が映えた、春らしくて気取らない一鉢になります。

この他にもたけのこは、味噌を使って田楽にしたり、油を使って炒めたり、焼いて木の芽しょう油を掛けたりと種々の食べ方がございますが、とにかく、掘りたてのたけのこというだけで、香りも、甘みも、うまみも、普通のものとまったくちがうのです。初めて召し上がった方でしたら、

「たけのこって、こんなに甘いんか！」

と思わず声に出るでしょう。

びっくりするのは、これが電車で一時間の大阪の店に持っていってから煮ると、鮮度がまったくちがって、ふつうのたけのこなのです。

同じたけのこでも、ほんの一時間で掘りたての面影はなくなってしまいます。みなさんがこれまでに召し上がってこられたたけのこは、このようなたけのこだろうと思います。

朝の五時に竹やぶに行って掘ってこなければいけませんが、おいしいもの、一

番にいい材料というものは、そのような努力があって初めて手に入るものです。ぼくの料理人としての人生で最高の一品はなにかといえば、このたけのこでしょうね。

そんなたけのこをお客さんに喜んでもらっているうちに、だんだんと「嵐山の店では、おいしいたけのこを食べさせる」といううわさが、京都の人の間で広まっていきました。

東京でも明石の鯛

桜の花が盛りの頃になると、鯛。桜鯛というくらいで、この時期は鯛の一番いいときです。春は鯛の産卵シーズンで、真子や白子を持っていますから、お客さんに喜ばれます。

ぼくたちが使うのは、もちろん天然の鯛です。

養殖の鯛は海の上のいけすで飼われていますから、紫外線で肌が焼けて黒ずんでいます。運動もしていませんし、餌も偏っているので、天然物に比べればうまくありません。

ただ、この頃は、養殖の技術もとても進歩していて、海面から二十五メートルくらい下にいけすをつくって、そこで鯛を飼っているそうです。ですから、色は天然の鯛とほとんど変わらなくなりました。また、餌も改良されて、味もだいぶんよくなったとは聞いていません。しかし、まだやはりエビやらカニやらを食べながら自然に育ったものにはうまさが及びませんから、うちでは天然の鯛を使っています。

天然の鯛の中でも、料理に使うのは「目の下一尺」といって、だいたい一・八から二キロくらいの鯛です。それくらいの大きさの鯛が、身のうまみと柔らかさがちょうどいいのです。それ以上に育っている鯛は「バシャ」と言って、身が固くなっていておいしくありません。お相撲さんが優勝したときに大きな鯛を手に持って記念撮影をしますが、あの大きさになるともう駄目です。

ですから、むかしの商売上手な魚屋さんは、二キロ三百グラムくらいあっても、二キロと言って鯛を売っていました。そちらの方が、高値がつくからです。

ぼくが料理人になった昭和二十七年頃は、そういう、いい鯛が掃いて捨てるくらい獲れていたのですが、東京オリンピックが開催された昭和三十九年の前後――ぼくが東京の店にいた頃ですが――この頃にはもう鯛が少なくなってきていて、目の下一尺のいいものを探そうと思うと大変でした。

鯛といえば明石ですが、明石の市場でも極端に少ない日には、いい鯛が三尾しか揚がらないこともあります。そうなると、東京の店と、大阪の店と、京都の店で一尾ずつ使ったら、よその店には行きません。

東京の店と書きましたが、ぼくがいた頃は、東京の店でも明石の鯛を使っていました。大阪から飛行機で運んだ鯛を、毎朝、羽田空港までバイクで取りに行ったものです。

わざわざ一尾の鯛を明石から運んだと言うと、「東京には築地市場があるじゃないか」と思われるかもしれませんね。今だと豊洲市場ですか。たしかに、東京の店は銀座八丁目で、目の前の昭和通りを越えたら築地市場ですから、店から市場まで歩いて十分くらいです。ただ、ぼくら料理人からすれば常識なのですが、明石の鯛と築地の鯛では、ものがまったくちがっていて、うまさに天と地ほどの差があるのです。

関西と関東では魚の締め方がちがう

明石の鯛と築地の鯛、なにがちがうかというと、締め方です。

関西では獲ったその場で鯛を締めてしまいますが、東京では生きている鯛の方が喜ばれるので、市場でも鯛は跳ねています。築地市場に行くと大きないけすに生きた鯛が百匹以上泳いでいて、仕入れ人が「これをくれ」と言えば、魚屋さんが網ですくってその場で締めてくれます。東京の人はそういう鯛を使っています。

一見すると、水槽で泳いでいる東京の鯛の方が新鮮に思えるかもしれませんが、それは見た目だけです。ぼくら料理人からしてみれば、魚屋のいけすで泳いでいる鯛は今ひとつですね。

そして、六十年前の話ですが、東京と関西では魚の締め方がちがいました。ぼくらが東京の人に「ここに包丁を入れてくれ」と言っても、口ではなかなか通じないので、結局、雑に締められてしまいます。

そういった鯛は、おろしたら身がすぐ柔らかくなってしまいます。刺し身にすると、どうにも腰が弱いのです。それではもう、すしにしかなりません。みなさんが魚屋の店先でピチピチとはねている鯛を、「生きた鯛だ」と喜んで買って帰って刺し身にしても、どうも身が締まっていないのは、無理やり水槽で生かされて弱っているうえに、締め方もうまくないからです。

一方、関西の漁師さんが活け締めにした鯛は、血抜きも完全にできていますし、脊髄《せきずい》も抜いてありますから、おろした後も長くもちます。朝に買った物を夜まで置いておいても、身がちゃんと活きていて、刺し身にしても歯触りがいいのです。

仕入れはたいてい朝ですから、夜のお客さんに身が活きているうまい鯛を出そうとすると、漁場で上手に締められた明石の鯛しかありません。

それでも、鯛によってちがいますが、身が活きているのは締めてから十時間が限界でしょうか。ですから、夜でも、あまり遅くのお客さんには、お刺し身を出すことはできません。そのあたりは日本料理の潔さですね。

今、関東と関西がこれだけ行き来する時代になっても、魚の締め方はいまだに関西の人の方が上手だと思います。

締め方ひとつでものがまったく変わってくることは、外国の方にもわかるようです。以前ぼくの店で修業をしていた石井という子が、今はロンドンで料理屋をやっていますが、その子が「魚の締め方の先生」として現地で有名になっています。イギリスに渡った当初は漁師に相手にされなかったそうですが、彼が朝に締めた魚は夜まで身が活きていてうまいということを、現地の人も一口食べてみたら、わかるわけです。

同じ魚でも締め方で、万人が認めるほどおいしさがちがってくるということですね。

保津川で名人が釣った鮎

鮎《あゆ》には郷土自慢が多くて、みなさん「わが故郷《くに》の鮎が一番」と自慢されます。ぼくは京都の保津川《ほづがわ》の鮎が好きです。平安のむかしから、鵜飼いというものがありました。保津川の上の方に鵜飼ヶ浜という場所があって、以前はそこでとれる鮎を御所へ献上していました。この頃はそんなことしなくなってしまいましたけれどね。

ただ、保津川の鮎も、ちょっと水が出たりしたら、鮎は自分が水に流されてしまわないように泥をかむ。泥をかんだ鮎は脂がなくなりますから、そういうときは美山《みやま》の鮎を使うこともあります。

美山の下流は川幅が広くて水の流れが緩いのです。流れが緩くなると、川底の岩の上にはうっすらと泥がたまる。鮎は岩肌に生えたコケを食べますから、普段の美山の鮎は泥も一緒に食べています。

ですから、普段はよっぽど保津川の鮎が足りないときに使う美山の鮎ですが、ちょっと水が出ると、流れがいい感じに速くなり、美山も鮎がうまくなるのです。そういうわけで、今も水の多いときは美山、水の少ないときには保津川というように、川の状態に応じて鮎を使い分けています。

鮎は六月から解禁になりますけれど、解禁のときの鮎、それから八月の大文字の頃の一番脂がのった鮎、それで九月に入ったら落ち鮎と言いまして、子どもを産むために海に出ようとする鮎があります。

そんなふうに、鮎は解禁の時期から落ち鮎の時期までずっと季節がある魚です。うちの店では解禁前の三月頃から鮎を使いますけれど、それは琵琶湖の鮎を飼い直しているものです。二月頃に琵琶湖で五センチくらいの稚鮎を捕ってきて、急流をつくって、いけすで飼い直すと、三月にはそれらが十センチくらいに育っていますので、春先はその鮎を使っています。

しかし、やはり面白いのは解禁の鮎ですね。それも腕のいい釣り師が釣ったものが一番です。素人さんや、釣り師でも下手な人が釣ったものは、やはりちょっと味が荒れるのです。

京都では六月一日に加茂川が、六日に保津川の鮎釣りが解禁になります。五月三十一日の深夜十二時、すなわち六月一日の零時、釣り師たちが一斉に鮎を釣り始めますが、ぼくがいつも鮎を頼んでいた「鮎釣り日本一」を名乗る名人の板谷さんは、いつも二時半頃に川に着いて鮎を釣り始めます。

あるとき、その名人が「十時に取りに来い」とのことでしたので、市場での買い物を済ませていったん材料を店に置いてから、約束の十時に待ち合わせた御池《おいけ》橋《ばし》まで取りに行きますと、三十尾余りを用意してくれていました。それも、ほかの釣り人の鮎より形のいい大物ばかりです。

午前零時きっかりから釣り始めた人のうち、よく釣った人でも十尾くらいですのに、二時間半遅れで釣り始めたその名人は三十尾余り、しかもびっくりするくらいの大物ばかりなので、感心した釣り人たちで人だかりがしていました。

「そんなたくさん、どうやって釣るんでっか」

と聞いても、

「それは企業秘密やから言えん」

とのことでした。年を取って釣りを引退されてからようやく教えてくださいましたが、御池橋の下の方に深くなっている場所が二、三カ所あって、そこには大物が来やすいのだそうです。

鮎というのは、一メートル四方に一匹、「ここは陣地や」と言って自分の縄張りを守っていて、そこへ他の鮎が入ってきたら体当たりをして追い出します。「鮎の友釣り」というのは、それを利用して、鮎の陣地におとりの鮎を送り込んで、体当たりしてきた鮎を針で引っかけて釣っているのです。

その、一メートル四方に一尾いる鮎を釣り上げますと、三、四十分でまた次の鮎が来るそうです。それとおとりの鮎は、次々元気なものに替えるのが、たくさん釣るコツとのことでした。

たけのこでも朝一番に、熱心に山まで行って掘って、持って帰ってすぐに湯がいたものはうまいとお話しをしましたが、鮎でもそうです。友釣りの鮎でも名人が釣ったものはうまくて、西瓜《すいか》の匂いがするのです。そんな鮎をお出しすると、お客さんの中には「うれしいな、今でも西瓜の匂いがするんや」と喜ばれる方もいらっしゃいます。

鮎は塩焼きが一番

十年程前のことですが、あるお家元方が清滝の山へいらっしゃった際、「なんぞ面白いことはないか」とおっしゃいましたので、鮎釣り名人の板谷さんにお願いして清滝川で鮎を釣ってもらい、その場でぼくが塩焼きにしたものを召し上がっていただきました。よほどおいしかったようで、その場にいたお客さんお一人、十尾くらいずつ召し上がりましたね。

鮎には干物や天ぷら、背越《せご》しといった食べ方がありますが、いいものが手に入ったなら、やはり、本来の味が楽しめる塩焼きが一番です。

鮎は上手に焼かなければいけません。同じ鮎であっても、やはり上手に焼いたものは、うまくなります。

ぼくは、鮎に串を打ったらすぐに火にのせます。ところが、少し前に聞いたのですが、今の子たちは、焼く十五分くらい前に串を打っているそうです。鮎なんて、串を打ったら五分も生きてやしません。十五分も前に串を打ってしまったら、焼くときには身が死後硬直しています。すると、もうおいしくありません。

串を打ってすぐ焼いたものでしたら、食べるときに頭から骨がしゅーっと簡単に抜けます。腹にあるあばら骨も、すっと外れます。しかし、串を打って五分以上たっていたら、骨を抜こうとしても、あばら骨は身に残ってしまいますね。たったの五分や十分そこらで、それほどちがってきます。

焼くときの炭には、和歌山の樫の木の細い枝でできた樫小丸という炭を使います。このとき、火が元気すぎてはいけません。火を熾《おこ》してちょっと静かになったときを見計らって、うちわを上手に使って、頭も尻尾も全部きつね色になるように気合いを入れて焼き上げます。

むかしの京都の料理屋さんは、鮎に焼き目をつけずに、時間をかけてトロ火でジワーッと焼き上げるところが大半でした。そうやって焼いた鮎は、見た目はたしかに泳いでいたときの鮎みたいですが、ぼくにしてみれば、おいしくないのです。おいしくはないのですが、それが以前の京都風の鮎でした。

しかし、ぼくが嵐山に来て、鮎をきつね色に焼き出して、そうやって焼いた鮎がおいしいと評判になったものですから、今では京都中のほとんどの料理屋がその焼き方に変わりました。

上手に焼き上がったきつね色の鮎を、黒いお膳か、お盆に青い紅葉の小枝でもひいて盛れば風情が出て、よりおいしく召し上がることができますね。

夏の京都といえばハモ

鮎と並んで、夏の京都を代表する魚といえば、ハモです。東京の方ではあまり召し上がりませんが、関西では祇園祭の頃から秋にかけてが盛りで、いいものが出ます。

ハモは生命力の強い魚です。今でこそ、京都と大阪は一時間もかからずに行き来ができますが、むかしは半日ほどかかりました。すると、瀬戸内海や大阪湾であがった鯛やらスズキやらを京都に持ってこようとしても、身がもちません。ところが、ハモだけは海から遠い京都でも、鮮度がたもてて、活きている身を食べられたのです。

その生命力には、実際、すさまじいものがあります。

うちの店ではその日に獲れたハモが生きたまま入ってくるのですが、ハモの頭を目打ちで止めて、背開きにして背骨を外し、頭を落とした後、胴体だけになったハモの身が、波打つことがよくあります。背骨は外してあり、血抜きをしてあるのにもかかわらず、グネグネと動くのです。尻尾の方を手で押さえていたら、頭があったところが、ヘビが鎌首を持ち上げるように、グウーッと三十センチくらい持ち上がることもありました。

むかしハモを獲ってくる漁師は命がけでした。沖で獲れたハモは、鮮度をたもつために、船の底にある水槽の中で生かしたまま陸に連れてきます。水槽は船の大きさによって六～十二カ所の穴が開いていて、この穴を通じて、常に水槽の水と新鮮な海水とが入れ替わるようになっているのですが、港に近づくと海水が油で汚れてきますから、その穴に栓をして、海水が入らないようにしなければいけません。

この栓をはめるためには水槽に潜らなければいけませんが、このとき、水槽の中に傷を負ったハモがいると大変です。傷ついたハモは気が立っていて、水槽の中に入ってきた人に襲いかかるのです。ハモに鋭い歯でかみつかれて、ナイフで切り裂いたようなひどいけがを負ったという話はよくありました。

また、冬場になると、海の水は冷たくなりますから、水槽に潜る人は、凍えないように、しょう油をコップに半分くらいあおって、血圧がぐんと上がっている間に作業をしたそうです。

そんなことで、とても体がもたないと、ぼくの店にハモを持ってくる漁師が何人も辞めていきましたね。これらのことは、ハモの鮮度をたもつ、ただその一点でやっていることなのです。

漁師さんのこのような苦労もあり、鮮度がいいものを手に入れやすいというわけで、京都の人はハモを重宝して、むかしからその料理法も京都で発達しました。

その代名詞ともいえるのが骨切りですね。ハモという魚は皮に沿って細かい骨があるのですが、その小骨をそのまま食べても舌にさわらないように、包丁で切ってしまいます。皮を残しながら、身を一寸幅、だいたい三センチを二十五くらいに切るのがよいとされています。そこまで細かく切ると、骨は舌でさわってもほとんどわからなくなります。

ハモは使いでのある魚で、あっさりとした料理にもできますし、かば焼きのように、しっかりと満足できる料理にもできますが、やはり湯びきが定番です。骨切りしたハモを塩湯にサッと通し、皮がちぢんで身がクルッと丸くなったら、氷水に落とします。そして、これを梅肉でいただきます。

お椀盛りの牡丹《ぼたん》ハモもいいですね。骨切りをしてくずをふるったハモの身を煮立った塩湯に入れて、チリチリと縮ませます。すると、白い牡丹の花のようになりますから、これを一旦ぬるい湯に放って余分な脂をとって、水気を切ったら、かつおのだしをはったお椀に盛ります。

この牡丹ハモのお椀盛りが出て、鮎の塩焼きが出るというのが、夏の京料理の定番です。むかしの大阪の人は、わざわざ京都までハモ料理を食べに行ったものでした。

秋はまつたけ

秋の材料の主役といえば、なんといってもまつたけです。ほうらく蒸し、土瓶《どびん》蒸し、土瓶焼き、まつたけのお椀、まつたけご飯……ぼくたち料理人は、秋にまつたけがないと、どうにも格好がつきません。

ぼくが嵐山の店に転勤になった昭和四十一年頃の話です。店の近所にある散髪屋のおじさんが嵯峨《さが》の小倉山に登ってまつたけとしめじを採ってくるのです。その方は、小倉山のどこにまつたけが出てどこでしめじが採れるのかということを、みんな知っているようでした。

そこで、よく仕事をサボってその店で麻雀をしていた部下のKさんに、

「お前、麻雀しながら、おっちゃんからまつたけが採れる場所を聞き出してこい」

と言い含めたのですが、これがよう聞き出してきません。おじさんには息子さ

んがおりましたが、その自分の息子にさえ、絶対に教えないのです。教えてもらえないなら、自分で探し出すしかありません。その次の年の秋、十一月一日から、昼の休息時間のたびに小倉山へ入って、あちこちを歩き、まつたけを探して回りました。小倉山は十月中はナワが張ってあって、まつたけやしめじの採れる山へは入れませんが、十一月になると解禁されて入れるようになります。

小倉山を歩くようになって四日目でしたか、昼の二時に入って二時間ほどがたった頃、山の裏の方でまつたけを一本だけ見つけることができました。ちょうどその日は、繊維商い大手である帝人の大屋政子夫人がお見えになっていたので、早速そのまつたけを大名コンロに載せてお出ししました。正真正銘、採れたてのまつたけです。すると、

「こんな甘くておいしいまつたけを食べたのは、生まれて初めてやわ」

と大層喜んでいただきました。ぼくは食べていませんでしたが、そのとき初めて、「採れたてのまつたけは甘い」ということを知りました。

採れたてのまつたけを大屋夫人が大変喜んでくださって以来、ぼくはまつたけを求めて頻繁に山に行くようになりました。そのうちに自分の山が欲しくなって、清滝で四万八千坪のまつたけ山を買いました。

まつたけというのは、だいたい二十歳から五十歳くらいの松の木の根の新しく伸びた三十センチくらいの場所に菌が寄生して、キノコが出ると言われております。まれには七、八十歳近い松の根に寄生することもあるようですが、ごく少ないようです。

ちょっと笠の開いたまつたけは、

「頭をポンポンとたたいてから採りや」

といわれました。笠の開いたまつたけは少し湿らせた新聞紙で包んで保存しますが、時間がたってから開くと、笠の下になっていた所が真っ白になります。その白い粉が、まつたけの菌です。

「頭をたたいてから採りや」というのは、菌をその場へ残してくるということなのです。そのように、むかしのまつたけ山では、来年のことも考えながらまつたけを採っていたものです。

まだツボミのまつたけは採らずに残しておきます。むかしは山の手入れがよくて、昭和四十五、六年頃までは、まつたけはよく採れていました。一本見つければ、そのまわりに何本も出ていたものです。畳一畳くらいの範囲に、ビッシリと密生しているのを、二カ所も見つけたこともあります。このときは、自分が担いできた大きな籠に入りきらず、一緒にいた人の籠も借りて二つの籠にまつたけを山盛り入れて山を下りました。

しかし、近頃では、小倉山でも丹波の山でも、もうまつたけは採れませんね。松食い虫がはやったということもありますが、山が荒れてしまったことが大きいのでしょう。

一本見つけたとしても、以前なら残しておいたつぼみも採って帰ってしまうようです。そうでないと、他の人に採られてしまうからです。こうなると、「頭ポンポン」もやりません。

まつたけの甘みと香り

採りたてのまつたけには、実際、びっくりするような甘みがあります。特に、笠の下四センチくらいのところが甘いのです。ところが、不思議なことに、京都の地の人に聞いても、土地の人に聞いても、この甘さを知っている方はおられませんね。

採りたてのまつたけは、その場で焼いて食べるのが一番です。

まつたけの笠の下、三、四センチくらいで軸を切って、炭火に網を載せ、その上に笠を上にしたまつたけを載せ、上から塩をふる。その上に湿った紙をかぶせてちょっと待っていると、湯気が上がってくる。もう少し待ってから紙をとり、裏返して、しばらく待つと笠の裏にジットリと水気が出てきます。このとき、軸に二つなり三つなり、太さによって包丁を軽く入れて皿に取る。金気が入ると味が落ちますから、包丁を入れるのは、ほんの少しだけです。

その包丁で入れた切れ目から指で裂いて、ちょっと酢橘《すだち》の入ったしょう油をつけて食べていただくと、まつたけの甘さとともに、

「こんなにおいしい物だったのか！」

と、巡り逢えたうれしさを、ひしひしと感じていただけることでしょう。

「匂いまつたけ、味しめじ」という言葉の通り、味はもちろん香りがまつたけの大きな特徴ですね。いいまつたけには、秋のさわやかな風が通っていくような風味があります。

しかし、この香りは、まつたけを採ってから一日もたつと、もうしません。つまりは、まつたけの生える山のそばでないと、どんなに頑張っても、本当においしいまつたけは味わえないということですね。

まつたけの香りといっても、さまざまなものがあります。本物の香りは、採れたてでないと匂いません。

二十年前くらいの中国のまつたけは、とれた笠を五寸くぎで軸に止めて、辛う

じてまつたけの体裁を整えているようなひどいものもありました。最近はそこまでひどいものは少ないのですが、今でも、中国から入ってくるまつたけは日本人向けということで、農薬に漬けて虫を皆殺しにした後に、人工的に香りをつけています。

ここまでいじくってしまうと、もう香り以前の問題で、まつたけのまがいものですね。

それでも、まつたけが手に入らないときに、

「中国産のまつたけでもええさかいに、食べたい」

というお客さんもいらっしゃいます。そういうときは、仕方がないので渋々買いに行って、それで補助的に使うこともありますけれど、やっぱり本物とは味も香りもまったくちがいます。

料理にちょっと使ったら「わー、ええ匂い」と言われる方もいらっしゃるのですけれども、ぼく自身は、香りがあまりに不自然で好きになれません。

しかし、時代とともにみなさんの感覚がだんだんと変わってきたのか、不自然

な香りでもありがたがる方が多くなりました。本物のまつたけの香りを知っている人は、今の日本には、もうほとんどいないのかもしれません。もしそうであるならば、寂しいことです。

冬は丸鍋の料理

寒いときは、なにか温かいものがほしくなります。丸鍋を使った熱い料理がいいですね。

鍋の具にはいろいろありますが、例えば、うずらを鍋にすれば体の温まる冬らしい料理になります。嵐山の店の近くに天龍寺というお寺があります。お寺の横に竹やぶがずっと続いていたのですが、むかしはそこに、うずらやらツグミやらがいっぱい飛んで来ていました。

ぼくらは、冬に寒波がくると、夜明けと共にバケツを持って天龍寺の竹やぶに行きました。竹にとまっていたうずらが寒さで身動きがとれなくなって、ポトポトと下に落ちているので、それをバケツに拾い集めるのです。冬のうずらは脂をもって太っていますので、薄味のおだしの鍋や付け焼きでとてもおいしく召し上がっていただけます。

そんな時代がありましたが、今は竹やぶにうずら一羽おりませんね。ツグミもとっくのむかしに捕ってはいけなくなってしまいました。近頃では、うずらの代わりに鴨を使うことが多くなりました。この鴨も、むかしは長浜で捕ったものを使っていましたが、今よく使われるのは合鴨です。名人が作った合鴨というのがあって、それを使っています。

すっぽんや猪も、料理人にとっては冬場に力を入れる材料です。

すっぽんは浜名湖のそばにある服部中村という明治十二年創業の老舗の養鼈《ようべつ》場《じょう》から仕入れています。ここではすっぽんに白身の魚だけを食べさせながら、四、五年かけて大事に育てています。すると、天然物よりも肉の味が上品でおいしいすっぽんになります。

そのようなすっぽんで作る鍋は、滋味《じみ》あふれるスープが格別の味わいです。この服部中村さんとは四十年来のお付き合いになります。出入りの呉服屋さんが服部中村さんに顔が利くということでしたので、お願いして紹介していただいたのが最初です。

猪も同じで、名人の牧場で、栗やどんぐりを食べさせながら一年間ほど大事に育てられたものを使っています。ふつう、猪鍋というと脂が柔らかいのですが、いい猪の肉というのは、煮るほど脂が固くなります。これをかむとコリコリとしてとても食感がよく、お客さんに出すと喜んでいただけますね。

鴨もすっぽんも猪も、いい材料を手に入れたら、余計な細工は一切行いません。努力して手に入れた一流の材料を、あまり手をかけずに調理した料理こそが、最高のものだと思います。

甘みと鮮度

日本料理の味つけの基本は薄味です。

西洋料理や中国料理の調理では味をどんどん加えていきますが、日本料理というものは材料そのものの味を極力殺さないで、引き立てることに腐心します。日本の国で育った自然のものを、その味を生かしておいしく食べるわけですね。

人によっては物足りないと思われるかもしれませんが、そう思われるのは料理人が下手だからです。腕のいい料理人が、いい材料を使えば、薄味であっても、およそ誰が食べてもおいしく感じられる料理になります。

いい材料に共通しているのは、平地の野菜でも、鯛のような海のものでも、山のキノコでも、甘みを感じるということです。甘みといっても、自然の甘さというものを大事にしなくてはいけませんね。江戸の人は「甘い」のを「うまい」と言ったという話がありますが、だからといって、砂糖を入れた料理をうまいと言うようなことは、関西では絶対にありません。不自然に強い甘みは、うまみにはなりません。

材料は鮮度が命です。例えば、夏のキュウリを朝の畑で切ると、切り口から二、三センチ、ピューッと水が飛び出してきます。そういうキュウリは、その場でうてなをかじってちぎった後、塩もなにもつけなくても、おいしく食べられます。

しかし、それが、たった十五分ほどしか離れていない家まで持って帰ると、おいしく食べるためには、ちょっと塩でもつけた方がよくなります。

「このキュウリ、なんもつけんでも、ごっつおいしかったで」

と言っても、伝わりません。

十五分でそうなのですから、それが何時間もたつと、もう駄目です。夕方まで置いておいたキュウリは、うてなのあたりに苦みがよってきますから、もうそのあたりの皮をむいて、もろみなんかをつけて食べることになります。

葱もそうです。九条葱《くじょうねぎ》という白根の多い、宝珠《ほうじゅ》みたいな青葱がありますが、畑で抜きたてをちぎると、茎の中からドロンと卵の白身みたいなものが出てきます。とれたてだと、それがすごく甘いのです。しかし、これを一時間も置いたら苦くなって、とても生では食べられなくなります。

八月の小芋を「衣かつぎ」と言いますが、ああいうものも、掘りたてはとても甘い。ところがこれも、土から離した瞬間から味がどんどん落ちていきますね。

万事そういうふうですから、ぼくは料理をする上で、材料の鮮度というものをとにかく大切にしています。極端な話、鮮度のいい材料を使えば、腕がさほどない人がさわっても一流の料理になります。

近頃はものを輸送する技術が進歩して、全国にある材料がわりと自由に手に入るようになりましたが、鮮度というものは本当に一分一秒で変わりますから、運んでくる距離にもいまだに限界があります。

やはり、その土地でとれるものを、その日のうちに食べるというのがいいですね。

一流の材料は消化がいい

おいしい料理を作りたいなら、やはり根本になる材料にいいものを使うことが原則ですね。いくら料理が上手だからといっても、材料が二流なら、いい料理にはなりません。

ぼくらは料理人ですから、二流の材料をそこそこの味にすることはできます。例えば、鯛がイマイチで、どうも刺し身にするには鮮度がたりなくて腰がないなと思えば、うす塩をして、昆布をあてるといった技を使います。もう少し鮮度が落ちていれば、煮るか、焼くか、油を使うか、酒蒸しにするでしょうか。

ところが、二流の材料をおいしく食べても、すぐに消化しないので、食べた後にあまり気持ちがよくないのですね。

ですから、なんといっても、一流の材料で、一流の腕の料理人が作った料理というのが最高です。

ぼくらが使う材料は、野菜にしろ、魚にしろ、肉にしろ、一流のものです。一流の材料というのは、鮮度がいいので、食べていくそばからお腹の中で消化されていきます。

ですから、ぼくらの店で二時間半のコース料理を召し上がって、帰ろうとする時分には、もう腹がこなれて、「もうちょっとなにか食べたいなぁ」という気持ちになります。

ところが、これが二流の材料でしたら、なかなか消化しませんから、二、三品食べただけで腹が一杯になります。下手をすると、明くる日まで胃にもたれることもあります。

近頃、うちでお食事をされて、

「えらい高いのに、なんや、腹一杯にならんかったわ」

と言っておられる方がいらっしゃいましたが、このようなことがわかってくると、高いとは思わなくなるのではないでしょうか。それでも腹一杯になりたいのでしたら、ラーメン屋に行って、ラーメンを二杯召し上がった方がお腹は膨れますね。

この頃は野菜も管理された温室で一年中作れるようになり、季節もなにもありませんが、それでも季節外れのものは今ひとつです。その季節に最高においしくなるというのが本来の姿なのですから、そのような材料を使わなければ料理人ではありません。

一生懸命探せば、そのときに一番いいもの、うまい材料というのがきっと見つかります。

ぼくはそうやって、京都のいい野菜を集めました。料理人が当然するべき努力です。お客さんにおいしい料理を召し上がっていただきたいと思ったら、真剣にいい材料を探すでしょう。

材料についてしっかりと勉強をして、いいものを見極められるのが、腕のいい料理人ですね。いい材料が自分のところにちゃんと用意できていれば、心が豊かになりますし、粗末に使えなくもなります。

しかも、料理を作っているあいだも、なにかいいものを使っているという誇りが、絶えずあります。

そうやってできあがった料理を、お客さんによろこんで召し上がっていただけたら、そこに料理人の心からの喜びが生まれてきます。

第四章

世界の名物、日本料理

おもてなしの神髄

料理人にとってもっとも大切なのは、

「料理を召し上がるお客さんが、なにを望んでおられるか。どうしたら喜んでいただけるか」

ということを一番に考えることです。それが、ぼくがおやっさんの湯木貞一に教えてもらった「おもてなしの神髄」というものでした。

こう言葉で書くと、何やら簡単で当たり前のことのようですが、実際は、もう少し細かいことです。

まず料理そのもので、召し上がる方の感覚を満足させるよう心を砕きます。食べもののことですから、まず大事なのは味ですね。ただこのとき、料理を舌にのせて、「うまい」とか「まずい」というだけではなくて、その材料のより分け、取り合わせ、包丁の入れ方、味の乗せ方、温度の加減などにも気を配ります。

ここまでは、外国の料理にも似たようなところがあります。しかし、日本料理に特有なのは、料理だけでなく、料理を盛る器にも一貫した美しさを配することですね。

器の重なりも大切にします。これは、最初に楽さんの器を出したら、次は蒔絵のお椀をお出しする、そして、志野とか織部の向付《むこうづけ》に続ける、といったことです。志野、織部、唐津、赤絵、備前、楽さんといった器はあまり重ならない方がいいとか、染付や永楽さんや半七さんは重なってもいいとか――そういうことを考えながら、器を選びます。

さらには、季節の風情を大切にしながら、玄関のしつらえ、部屋のしつらえなどを整えます。その時々の趣向を考えて、玄関にはお香を焚く。

「その日、一日だけしか掛けられない、活けられない」

という軸や花を床には飾り、お食事をする環境全体で歴史の物語や季節の情緒といった、ストーリーを演出するのです。

料理を取り巻くあらゆることに心を砕き、お客さんに「ああ、よかった」という喜びを味わっていただく。それが、ぼくらの「おもてなし」です。

料理でこんな高度な楽しみ方ができるのは、世界中どこを探しても日本だけでしょう。日本料理は世界に比類のない深みを持っている――それが、ぼくたちの誇りでもあります。

先にお話しをしましたが、このおもてなしの根底にあるのは、茶の湯の精神ですね。むかしの料理人たちは、そういうことをわかっていましたから、決して安くはないお月謝を自腹で払って、お茶を習う方も多くいたものです。おやっさんは三十六歳で表千家に入門しましたし、ぼくも吉兆に入ってすぐの頃、おやっさんに頼み込んでお茶を習わせてもらいました。

茶の湯というのは、日本的教養の集大成です。これがわかれば、掛け物もわかるようになります。花入れも、花もわかるようになります。料理の器もわかるようになります。

日本料理人としてやっていこうとしたら、これをやらない理由がないのです。

ところが、今の料理人さんたちはどうでしょうか。茶の湯が料理のセンスを磨くのに役立つということを、あまりご存じないのかもしれませんね。

おやっさんは、もてなしの極みが「お茶事」、料理の極みが「懐石」であると折に触れて言っておりました。お茶の心得でもって、努力して手に入れたいい材料を調理し、心を尽くしてお客さんを接待することこそ、日本料理人のおもてなしなのです。

寸法と間

日本料理人のおもてなしの技術に、「寸法と間」というものがあります。これもおやっさんがよく言っていたことですが、初めてこれを知ったとき、ぼくは改めて「おやっさんは本当にすごいんやなぁ」と感服したものです。

「寸法」というのは、食べ物の大きさのことです。

同じ材料に同じ味つけをしたものであっても、口に入る大きさによって、味わいがちがってきます。ですから、召し上がるお客さんそれぞれの口の大きさやかむ力によった、食べやすい寸法に切るということが大事です。

具体的には、一口で食べられる程度の大きさですね。それより大きければ口の中でもごもごとしますし、小さければ食べて貧相な感じがします。材料によっては、固かったり柔らかかったりしますから、そのあたりも考慮します。

例えば、お刺し身であれば、まずその魚をきちんと見てから造らなくてはいけません。

一キロのスズキと二キロのスズキでは、身の固さがちがっていて、二キロの方が固い。ですから、大きいスズキは五ミリ厚くらいに薄く、小さいスズキは一センチくらいの厚さに切ります。また、一尾のスズキの中でも、背の方は身が厚く、腹のところは薄いですから、それに合わせて、造り加減も、心持ち薄くしたり厚くしたりします。

海のものつながりで、ぼくらがお椀によく使う材料に、はまぐりがあります。これは、身はおおむね柔らかいのですが、その下についている半円形の舌は固い。ですから、固いところだけに、切り目を入れたり、たたいておいたりすることを忘れません。

お客さんの中に歯の悪い方がおられるのであれば、材料は歯ざわりを損なわない程度に、細かく、薄くします。例えば、その方にお出しするたくわんは、一口に切った後、斜めに一ミリ間隔で包丁を入れるということをします。ひっくり返したら、逆に網代になるように、同じように包丁を入れる。そうすると、歯の悪い人でもおいしく召し上がっていただけます。

こういったことは料理人のかい性ですから、労を惜しんではいけません。食べる方の身になって、なんでも食べやすいよう、まめに包丁を入れます。

これが西洋料理であればナイフがついていますから、お客さんは自分で食べやすいように切るのでしょうが、日本料理は箸で食べますから、料理を自分の好きな大きさに切るというのは少々難しいでしょう。そこで、料理人の方で、あらかじめ食べやすい大きさにしておくという心遣いをするのです。

たいていの材料は切ったところが空気に触れるそばから味が落ちてしまいますから、お客さんが召し上がる寸前に包丁を入れるのが一番ですね。

一方、「間」というのは、タイミングのことです。

お客さんにお料理をお出しするのに、間延びをしてはいけません。突きだし、お椀、お造りまでは間があかないようにスルスルと出して、それからちょっと間をあけるようにします。このとき、ぼくは座敷の入り口まで行ってお客さんのお食事の様子をずっとうかがって、「今お膳を出せ」とか「次のお椀を出せ」といった指図をします。これまで、お客さんにはそうやって気配りをしてきました。すべてのタイミングがピタリとハマったときは、心底、気持ちのよいものです。

個別の料理においても、例えば、お椀は、ふたをとったそのときに、湯気がふわっと上がらなくてはいけません。これを出し遅れると、ふたをとっても湯気が上がりません。ふたからしずくがポタポタと落ちてしまうようだと、お食事の最初の演出は大失敗です。

伊勢エビを使う料理なら、調理場で六分、お座敷まで運んでいる間に余熱で八分《ぶ》になって、お座敷へ着いてお客さんの口に入るちょうどその瞬間に、十分、つまり完全に火が通る……ということを考えて調理します。料理が一番おいしくなるタイミングで召し上がっていただくためです。

ぼくたちは、そういうところまで、必死になってやっています。ですから、それをわかってくれて、着いた料理はすぐに召し上がっていただける方がお客さんでしたら、「ありがたいなぁ」と思いますね。

こういうことは、日本料理人のおもてなしの技術ではあるのですが、先ほどお話しをしたように、元をたどれば、お茶の精神からきています。一番大事なのは、召し上がる方においしく食べてもらいたいという、思いやりの心ですね。これがないと、いい料理はできません。

この思いやりの心というものには、料理屋も家庭もありませんから、ぜひご家庭で料理をされる方も気に掛けていただきたいものです。

器は料理の衣装

改めて、器についてお話しをさせていただきたいと思います。料理の味と同じくらい大切なのが、料理と器との取り合わせです。おやっさんはよく、

「器は料理の衣装だ。人が衣装を好んでいろいろと工夫するのと同じように、料理は器を工夫しなければならない」

と言っておりました。

器と料理がうまく合えば、びっくりするくらいの気品が出て、美しく、おいしそうになります。逆に、器をあやまれば、料理の味は及第点でも、「この料理はなにか今ひとつやね」ということになります。

西洋の器にはほとんど季節というものがありませんが、日本の器には、桜、山吹、紅葉、藤、雪松、梅、水仙……というように、季節の情緒をしみじみと感じ

させる物が多く、料理のできばえに大変な助けとなります。こんなに季節に合った器を細やかに作っているのは、世界広しといえども、日本だけでしょう。江戸の時代に、野々村仁清《ののむらにんせい》や尾形乾山《おがたけんざん》、永楽保全《えいらくほぜん》、仁阿弥道八《にんなみどうはち》といった方々が素晴らしいものを焼いてくださったおかげですね。

季節の花鳥風月を取り入れた料理と、器とを合わせる楽しさは、日本料理に特有のものです。そのときの材料と趣向に合わせて、夏は涼しげに、冬はあたたかそうに、心を砕いて、その料理にうつる器を選びます。器と料理とがうまく出会えたら、そのお食事全体の中での順序も考えます。

それらがうまくいって、一目見た瞬間に料理が食欲をそそる、いいものとなったときの喜びは、日本料理をさせていただいてきた者の醍醐味でもありますね。

むかしの方はよく、食べた後に器をひっくり返してみて、「これ、永楽さんの器ですな」とか「あ、楽さんや」という楽しみ方をされました。そういうふうに喜んでいただける方には、こちらもいいものを使いがいがあるもので、次々と器を替えたりもします。お家へお帰りになって、その日のことを思い出していただくとき、料理はもちろん、使われた器のことも一緒に思い出していただけるようなら、器選びは大成功です。

しかし、この頃のお客さんで、お出しした器を見てくださるという方は、ほとんどおられなくなりました。平成に入った頃からだんだんとそうなってきた感がありますが、寂しいことです。

嵐山の店が連日満員になり、京都の蜷川虎三知事に表彰していただいたその時分、利益のすべてで、器やお茶の道具をたくさん買いました。物事には必ず波というものがあります。いつまでも、景気のいいままでは続かないと思っていたからです。

先に「今、日本料理屋がほろびかけている」というお話しをしましたが、そんなときでも、うちの店がいい器でお客さんに料理をお出しできるのは、そのときに買った器が残っているからです。いいものは、買えるときにどんどん買っておかなければいけないということですね。先を読んでおいてよかったと思います。

リンゴ箱一杯の魯山人の器

器といえば、うちの店には芸術家・北大路魯山人さんの焼かれた器がたくさんあります。おやっさんは魯山人さんと親交があり、思い出話をいろいろと持っておりました。

実は、おやっさんはむかし、魯山人さんのところで働こうとしたことがありました。二十九歳の春、まだおやっさんが父親の店である中現長で修業をしていたときのことです。むかしの旦那衆というと、みなさん、二号さん三号さんというのがある時代でしたが、そのことで父親と大げんかをして、店を飛び出してしまいました。

その頃、東京では星岡茶寮《ほしがおかさりょう》という会員制の店が大変評判でした。この店をやっておられたのが、魯山人さんです。父親とけんかして家出した折、その星岡茶寮へ「世話をしたる」という人が現れ、おやっさんはその人の言葉について東京に出ていましたが、結局、半年待っても魯山人さんに会わせてもらえずじまいで、大阪まで帰って来て、その後に吉兆を開いたのでした。

若いときには会えませんでしたが、魯山人さんとは戦後にお友だちになることができ、以降、大層可愛がってもらったそうです。

魯山人さんという方は、食い物にうるさくて、出された料理が気に入らなければ怒鳴り散らすとか、とにかく不遜で口が悪いとか、結婚を六度したとか、跡継ぎを勘当したとか、世間では批評が多い方でもあります。

しかし、美と食について、普通の人とは比べものにならない鋭敏な感性を持っておられ、おやっさんはそんな魯山人さんを心から尊敬していました。前にもお話しをしましたが、そういう方にお客さんとしてきていただけるというのは、料理屋としては本当にありがたいことなのです。

なぜうちに魯山人さんの器がたくさんあるのかということに、お話しを戻します。戦後の物のないときに、米と酒が入っていたのが料理屋でした。その米をリンゴ箱に入れて、魯山人さんが鎌倉でやっておられた星岡窯《せいこうよう》に送ったところ、その都度、お礼として、焼いた器を箱にいっぱい詰めて送り返してきてくれたといいます。

その時分は、魯山人さんの器といっても、それほど高いものではない時代でしたが、今となってはどれも高価なものです。そういう器が、大阪の店にも京都の店にもたくさん残っているのです。

また、おやっさんは、魯山人さんが器を焼いておられる窯《かま》へ招かれ、真横でその制作風景を見ることもあったといいます。大きな椅子にどっしりと座っておられる魯山人さんの前に、お弟子さんがほぼできあがった状態の器を持ってこられる。それを魯山人さんが仕上げるわけですが、

「ちょっと触っただけなのに、器の雰囲気がまったくちがってくるんや。やっぱりあの人はすごいで」

というようなことを、お酒のお相手をしているぼくに、よく話してくれたものでした。

ものがわかれば安い

料理人というものは、お客さんのお食事の総合演出家です。料理だけではなくて、お客さんがそれを召し上がる部屋、そこの床に飾る掛け物、お花、器……一回の食事のすべてをデザインして演出します。

掛け物だけでも、三百年前とか、五百年前とか、時には平安時代に描かれたものを飾ることがあります。そういうものは、一千万円くらいしますね。

ご飯をよそうお茶碗でも、その日の料理に合うならば、三百五十万円とか、四百万円くらいする器を使うこともあります。時には、一千万円くらいの器を使ったりもします。そう伝えると、

「そんなん割れたら大変やろ。似たような見た目の、もっと安いもんを使えばええやんか」

とおっしゃる方もいるかもしれません。しかし、料理屋が器が壊れることを怖がっていては話になりませんから、もちろん本物を使います。

なんや、金のことばっかり言いよるな、と思われるかもしれませんが、本当にいいものというのは、相応の年季があり、相応の値段がするものなのです。最高の環境で、最高の食材を使った、最高の料理を食べてもらいたいという一心で、ぼくたちはお客さんをおもてなしいたします。

それで、料理に掛け物や器を込みで、三万円とか五万円くらいしかいただきません。お食事の環境を整えるだけで、何千万円、場合によっては億を超えるくらいの費用がかかっていますから、物がわかる方からすれば、びっくりするくらい安く感じるはずです。

むかしの政界や財界の旦那衆というのは、吉田茂さんも、池田勇人さんも、河野一郎さんも、佐藤栄作さんも、白洲次郎さんも、益《ます》田《だ》鈍翁《どんおう》も、畠山《はたけやま》一清《いっせい》さんも、松永安左衛門さんも、小川栄一さんも、松下幸之助さんもそうでしたが、みなさん日本の文化についての深い教養をお持ちで、道具のことはぜんぶおわかり

になっておられました。ですから、そういう方をおもてなししようというときに、料理人も、

「今回は、こういうものをお出しして、びっくりしてもらおう」

というやりがいがありましたね。

ところが、近頃の政治家や起業家の方はそういうことに興味をお持ちの方が少ないようです。こちらの意図をわかってくださるお客さんも、少なくなりました。

「ああ、ええお道具を使ってはるなぁ」

と気付かれるお客さんは、十人に一人くらいでしょうか。若い方は特にそうですね。掛け物も器もご存じなく、

「吉兆は飯に五万円も取るんか」とおっしゃる方もいます。目の前にいいものがあっても、それをわからなければ、なんや、えらい高いな、となるのも仕方がありませんね。

それでも、わかる方は、「わぁ、このお茶碗、何々や！」と喜んでくれます。そんな方にとっては、ぼくたちのおもてなしの席は、とても楽しい、心躍るもの

になるはずです。ですから、わかる方に食事にきていただけるとうれしいな、という思いはずっと持っております。

失われる日本の文化

これは、先ほどのお話と一緒なのです。おもてなしをわかってくださるお客さんに、いい料理を出して、それを喜んでもらえたら、料理人としてこんなにうれしいことはありません。

まず部屋に入ったら床の間へお軸を見に行ってほしいのです。お茶の世界の作法では、お部屋に入ったら、まずお軸を見て、それから花入れを見て、花を見て、釜を見て、棚を見て、ということをしますが、それと同じことをしていただけるとうれしいです。

ただ、近頃うちへいらっしゃるお客さんで、そういうことをされる方はほとんどいません。これが昭和の中頃までは、みなさん料理屋で日本の料理を食べようとするときは、お座敷に入って床を見て、そこにある花入れを見て、活けてある花を眺めて、そして季節の情緒をしみじみと味わう……ということをされていたのですが、最近は本当に無頓着になってしまいました。

ご家庭でも、今どきはお子さんたちにそういうことを教えないのでしょう。本当に残念なことです。逆に、最近では外国のお客さんの方がよく勉強しておられます。

少し前の夏のことですが、あるアメリカ人のご家族が、お父さん、お母さん、お姉ちゃんと弟ちゃんの四人でおいでになりました。お座敷へ入ったお父さんが、まず床の間に行って掛け物を見て、家族みなさんがそれに倣っておられました。驚いたのは、お父さんが難しい漢字で書かれた掛け物の文字を、すらすらと読まれたことです。「これはこういう意味や」というのを、ご家族に説明しておられました。

高校生くらいのお嬢ちゃんは、浴衣を着て足袋をはいておられましたが、お食事の始めからしまいまで、正座したままでお行儀よく召し上がっておられました。おそらく、お父さんがそういうふうに家族に仕込んでおられるのでしょう。今の日本人のお客さんで、お座敷でお食事の始めからしまいまで足を崩さずに料理を召し上がるという方はあまりお見かけしません。

せっかく嵐山にまできて料理を食べているのに、床の間の掛け物も見ないし、花入れも見ないし、花も見ない。出てくる器もわからない。なんにもわからないまま料理を食べて、「腹一杯にならへんかった。こんなん高いわ」なんて言う方がいらっしゃいます。

小さな子どもさんが床の間にあがって走り回っても、怒らないご家族もいらっしゃいます。飾ってある掛け物や花入れにちょっと傷がついても大変なのですが、女中さんがお客さんを怒るわけにはいきませんから、ぼくたちはいつもハラハラしながら見ているだけです。

調理場から何十年も見てきての印象ですが、八十年代から九十年代にかけて、「お金持ちが増えた」なんてことがよく言われるようになってから、日本人はガラッと変わってしまったように思います。

文化に対する興味といいますか、由緒のあるいいものを目にして、「ああ、ええなぁ」と思う感覚が失われてしまっているのです。そういう感覚がむかしのように蘇ってほしいのですが、今の日本人に文化的な教養を身につけようと思う人はいないのでしょう。そうしたことは、もうほろびかけているようです。

近頃はなんでも効率ですね。食事も、安くて、うまくて、栄養がとれさえすればいいというような風潮があります。

実利から言えばそうなのですが、それは火力発電所に石炭燃料を放り込んでいるような、情緒もなにもない食事ですね。どんな一食も、かぎりある一生のうちの、貴重な一回の食事なのですから、そういう食事ばかりでは寂しいと思うのですが。

松下幸之助さんとお茶

大正から昭和の中頃くらいまでは、財界で成功したら、お茶に魅力を感じられるという風潮があったものです。みなさん、食を楽しみ、文化を楽しむ。そういうことを心得ておられました。日本人の心が豊かで、余裕のある時代であったと思います。

おやっさんは財界の多くの方と、お茶でお付き合いをしておりました。パナソニックの創業者である松下幸之助さんも、その中のお一人で、月に一度くらいだったでしょうか、よく嵐山のぼくの店にきてくださいました。

離れの部屋をよくお使いでしたが、その部屋につながっている中潜りが低かったので、

「すいません、あたると危ないですから、中潜りはちょっと頭を下げて通ってく

れますか」

とお願いをしますと、

「ぼくに『頭を下げえ』なんていうたん、君が初めてや」

などと冗談をおっしゃる、そういう気さくな方でした。

当時すでに「日本を代表する経営者」と呼ばれておりながら、誰に対してもお優しくて、ひとつも偉ぶらない方でした。お食事の席はビジネスの話が多かったようですが、人を威圧したり、なにかを強要したりするということは一度たりともなされません。常に穏やかにお話しをされていた覚えがあります。本当に偉い方というのは、人に偉そうにしないものです。逆に、中途半端な地位にいる方ほど、自分を偉く見せることに腐心なされますね。

松下さんもお茶に大変熱心な方でした。ぼくたちが平成元年に嵐山の店に茶の間をつくったとき、最初のお茶事にもいらしてくださいましたね。

いいお道具屋さんがついておられましたが、あるとき、一千二百万円で買われた貴重な茶杓が、値上がりして二千万円になったという話を聞いて、即座に、

「おお、それならすぐに売りたまえ」

という指示を出されたことがありました。このときの、あまりに素早い判断には驚きましたね。

お茶人なら、いい道具が手に入ったら、よっぽどお金に困らないかぎり手放せないものです。しかし、やはり松下さんは生粋の実業家でいらっしゃいます。冷静な判断でしっかりと利益を確保なされる。ぼくらも料理屋は商売でやっておりますから、もうかっているときの冷静な判断が難しいことはよく知っております。それだけに、松下さんの即断即決には舌を巻いたものです。

昭和四十四年の茶会記

お茶事には会記《かいき》というものがあります。これは、お客さんのお名前、道具立て、花、懐石の献立、菓子などを記録したものです。昭和四十四年六月十六日に、おやっさんが松下さんに行ったお茶事の会記が残っています。

妙心寺塔頭に大珠院というお寺があります。妙心寺派の管長を二期勤められ、その後、大徳寺の管長も二期勤められた、五百三世後藤瑞巖老師の住寺であり、その後、次住の小田雪窓《おだせっそう》老師が五百六代をお継ぎになられた名門のお寺です。この瑞巌老師の弟子であり、雪窓老師の弟弟子でもあった盛永宗興《もりながそうこう》老師から、おやっさんが、「名古屋の茶道松尾流の先代お家元のために、本当の茶事を経験させてやってほしい」と頼まれて行ったのが、このときの十回興行のお茶事です。

その初日にいらっしゃった松下さんがいたく感激されまして、「会記をくれないか」と頼まれました。「松下さんに書くなら、お家元にも」ということで、扇子屋の中村清兄先生にお願いして、金の破れ継ぎを作っていただき、会記を巻物にして、松下さんと松尾流お家元に差し上げました。

この松尾流の先代お家元は、老師の雲水時代、御一緒に修業されていた方ですが、そのお家元が亡くなられて、奥さまが宗興老師と相談され、「これは、吉兆さんにお返しした方がいい」と判断してくださり、ぼくのところへ帰って参りました。

その頃には相談するおやっさんもすでに亡くなっていましたので、このようなものは、京都に置いておくより大阪の湯木美術館に置くべきと考えまして、美術館におさめさせていただきました。

この本に載せたのは、その写真印刷ですが（次頁）、おやっさんの書であり、またその道具組も料理屋のおやっさんらしからぬ物ばかりです。身内のぼくが見ましても、「さすがは文化功労者の茶会記だなぁ」と、今でも頭の下がる思いでおります。

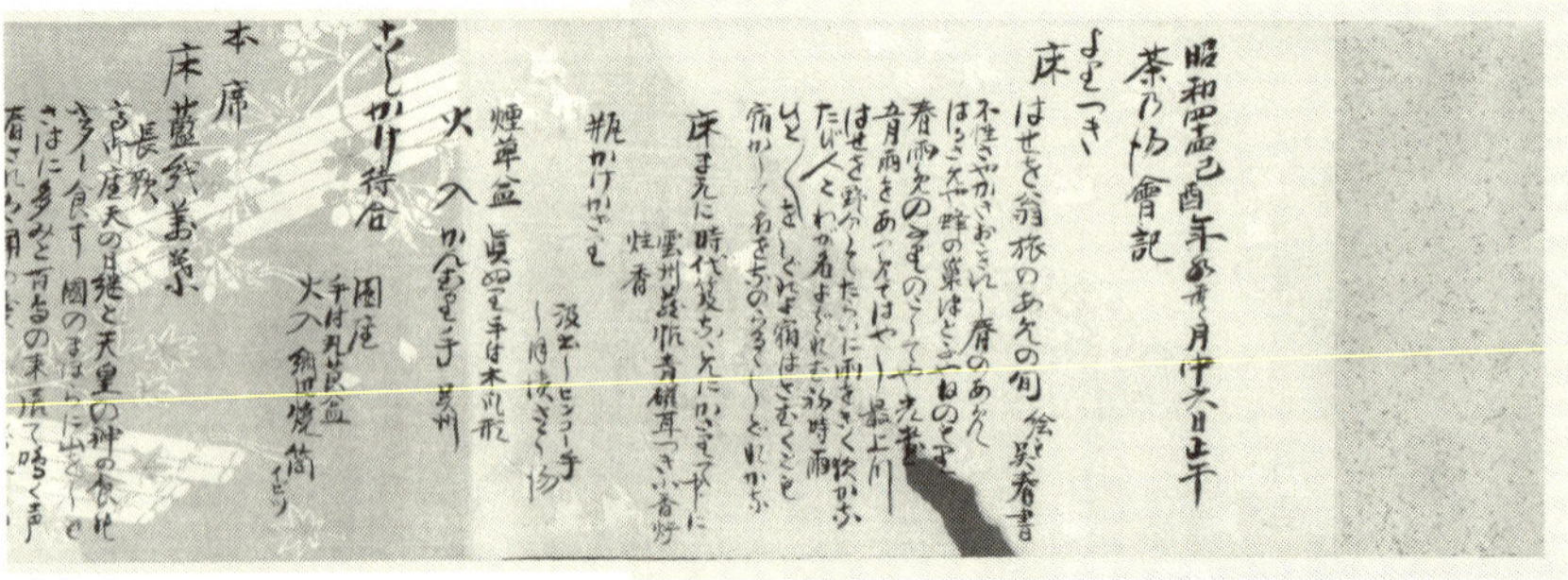

昭和四十四己酉年五月廿六日正午
茶乃湯會記
よせつき
床　はせを翁旅のあとの句　絵　某　書
床まへに時代花ちらしにかさねて
雲州蔵帳青磁耳つき小香炉
炷香
瓶かけかざりも
煙草盆　真塗手付木瓜形
火入　かねも手
こしかけ待合
本席
床　藍

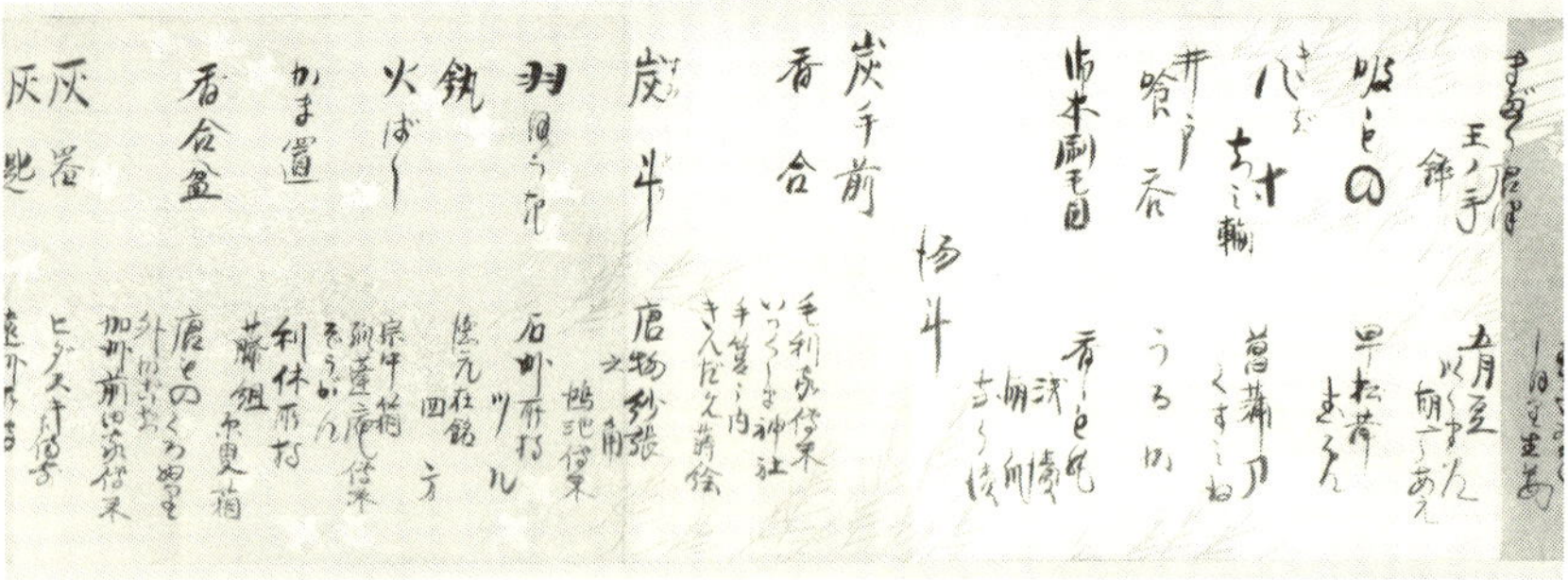

炭手前
香合
炭斗　唐物
羽
鐶
火ばし
かま置
香合盆
灰器
灰匙

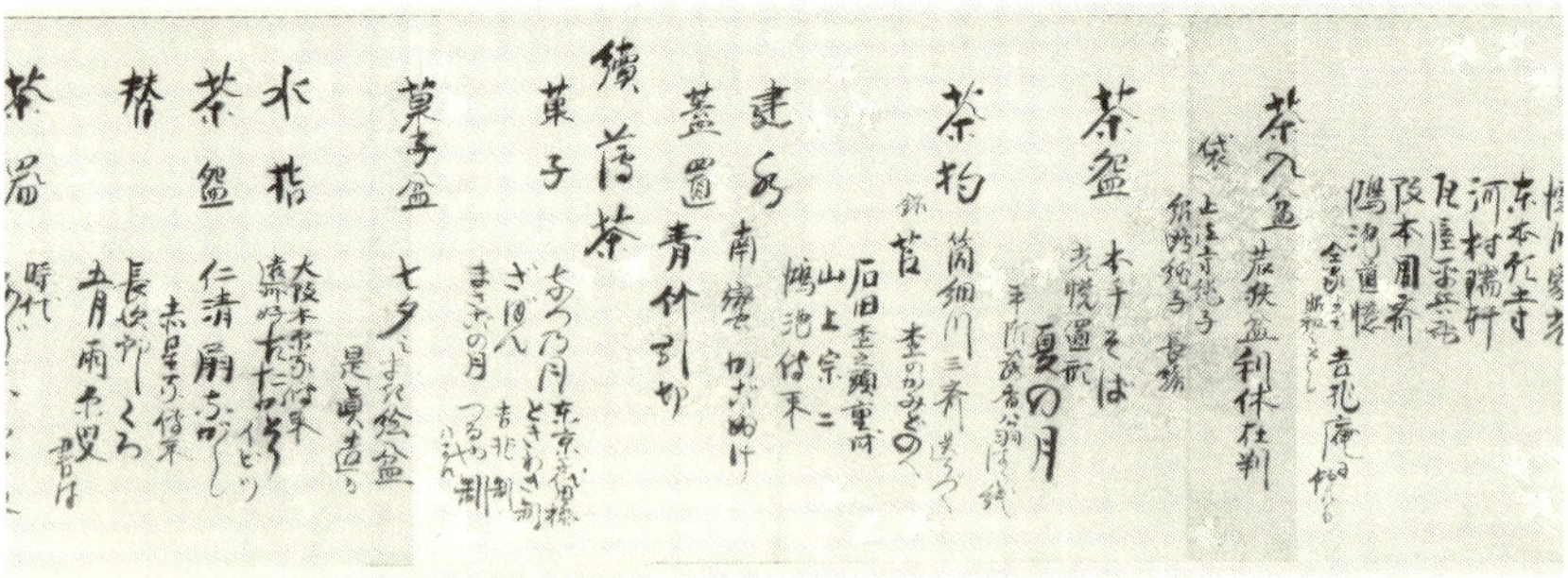

茶入盆　利休在判
茶盌
夏の月
茶杓
建水　南蛮
蓋置　青竹引切
續薄茶
菓子
菓子盆　七夕
水指
茶盌　仁清
替　長次郎
茶器

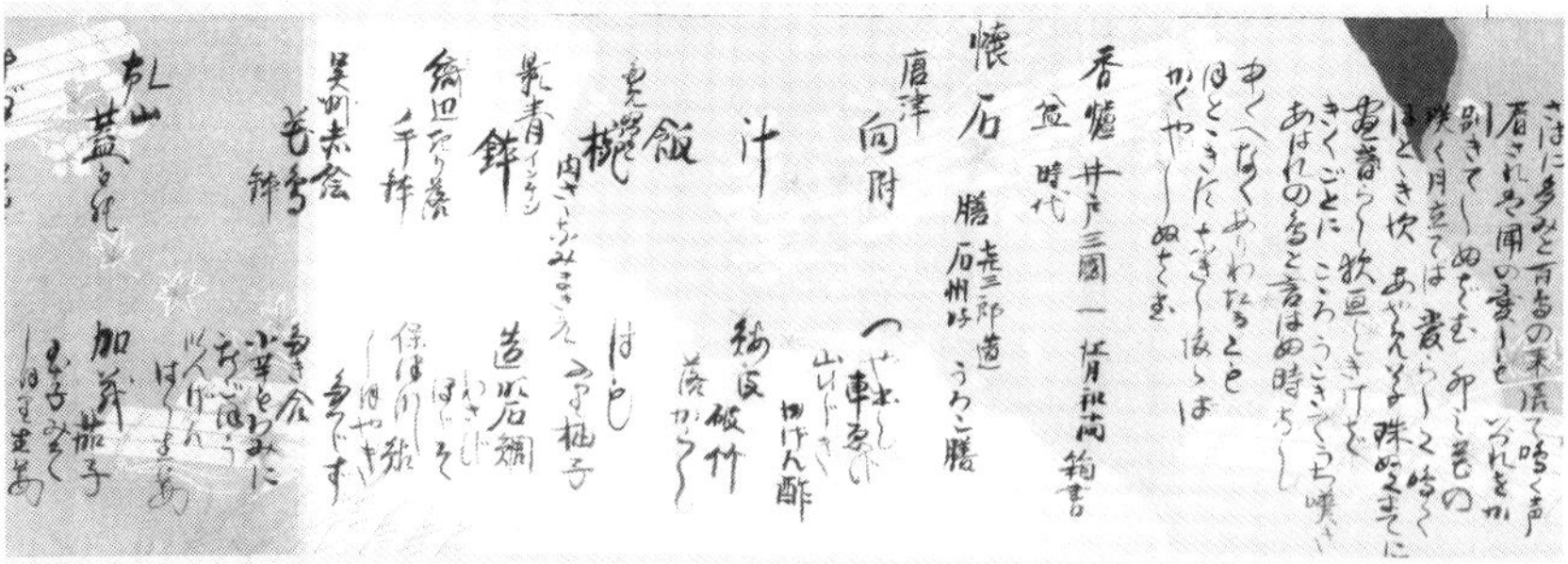

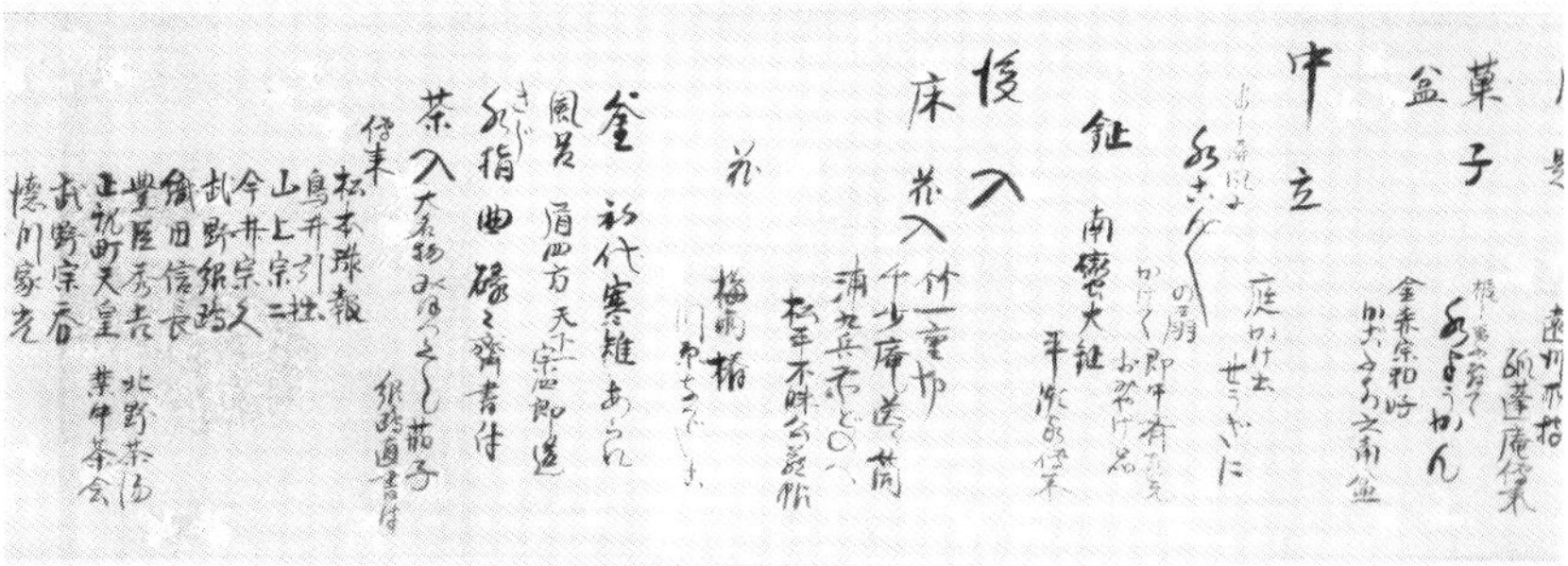

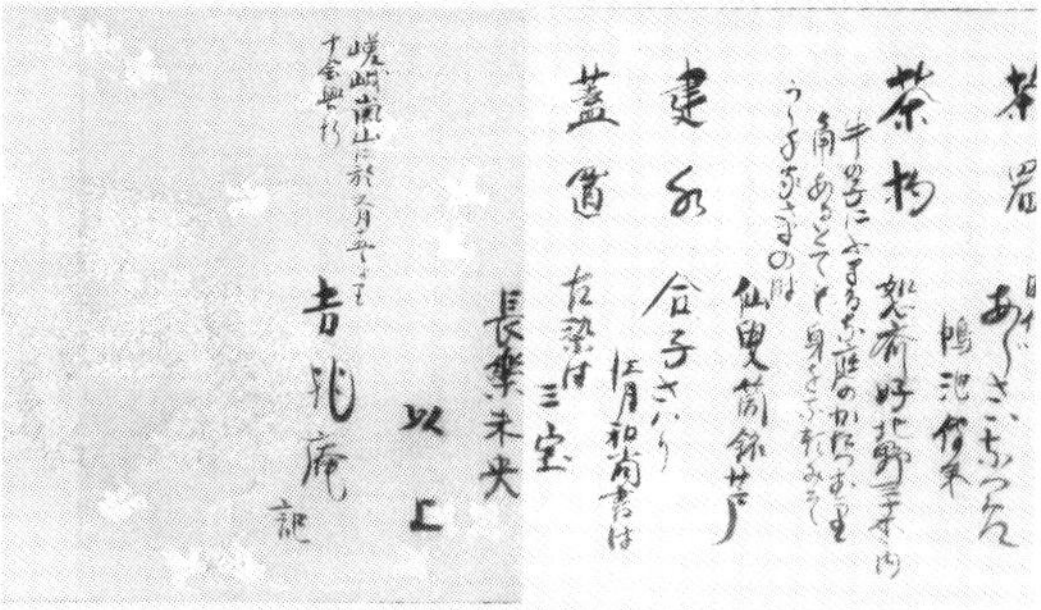

昭和四十四年己酉の年、水無月（六月）中六日（十六日）正午、茶の湯会記、の書き出しで
よりつき、床、はせを翁旅のあめの句絵も呉春書と書き
「不性さや　かきおこされし、春の雨、
はるさめや　蜂の巣つとふやねのも里、
春雨のふりのこしてや光堂、
五月雨を　あつめてはやし　最上川、
はせを、野分して　たらいに雨を　きく夜かな
たび人と　わが名　よばれむ　初時雨、
ひとひとを　しぐれよ宿は　さむくとも
宿かして　名をなのらるる　しぐれかな」

床まえに　時代笈（きゅう）（行脚僧とか修験者などが旅の際に物を入れて背負って持ち運ぶ、竹で編んだ箱）
ななめにかざりて中に雲州蔵帳、青磁　耳つき小香炉、炷香
瓶かけかざり　汲出しセンコー手　塩漬桜湯
煙草盆　眞塗手付木瓜形
火入　かんむり手呉州
こしかけ待合　（さぬき）圓座、手付丸莨盆
火入　織辺焼筒イビツ

［本席］
床　藍紙萬葉　長歌
高御座天の日継と天皇の神の命の聞し食す
国のまほらに山をしもさは多みと百鳥の来居て鳴く声
春されば聞し愛しも　いづれかを
別きて　しのばむ卯の花の
咲く月立てば愛らしく鳴く。
ほととぎす　あやめ草　珠ぬくまでに
昼暮らし　夜亘しきけば（ど）　きくごとに　こころうごきて
うち嘆き　あわれの鳥と言わぬ時なし
ゆくへなく　ありわたるとも　ほととぎす　なきし渡らば
かくやしのばむ
香炉　井戸三国一　江月和尚箱書
盆　時代

［懐石］
膳　喜三郎造　石州好うろこ膳
唐津　向附　つや出し車えび　山ひじき　かげん酢
汁　鮟皮　破竹　落しからし

飯　ためぬり椀　内さざ波蒔絵　はも　ふり柚子
影青インチン鉢　造り明石鯛　山葵　ほじそ
織辺きり落手鉢（六億円）、保津川鮎塩焼　たでず
呉州赤絵花鳥鉢、たき合
小芋もろみ煮　新午旁　いんげん　はり生姜
乾山蓋物　かもなす　玉子ミソ　しぼり生姜
まだら唐津王ノ手鉢　五月豆　いりまめ　胡麻和
吸物（箸洗）早まつたけ　むめ
木地八寸ちの輪　葛の根　菖蒲刀
井戸喰呑　うるか
御本刷毛目　香の物　浅漬　胡瓜　なら漬
湯斗

［炭手前］
香合　毛利家伝来　いつくしま神社　手筥の内
金溜蒔絵
炭斗（スミトリ）唐物紗張六角　鴻池伝来
羽ほうき　石州所持　つる
釻　徳元在銘　四方

火ばし　宗中箱　孤蓬庵伝来　ぞうがん
かま敷　利休所持　藤組　原叟箱
香合盆　唐物黒塗　外かご地　加州前田家伝来
灰器　ヒダスキ　古備前
灰匙　遠州所持　孤蓬庵伝来
菓子　梶の葉敷て　水ようかん
盆　金森宗和好　かごふち六角盆

〔中立〕
庭かけ出　床几に
よし屏風に水こんこんの扇かけて　即中斎家元
おみやげ品
鉦　南蛮大鉦　平瀬家伝来

〔後入〕
床　花入　竹一重切　千少庵送り筒
浦九兵衛どのへ
松平不昧公蔵帖
花　梅雨椿　川原なでしこ

釜　初代寒雉
風炉　眉四方　天下一宗四郎造
木地水指　曲　碌々斎書付
茶入　大名物　みほつくし茄子　紹鴎直書付
（伝来）松本珠報、鳥井（居）引拙、山上宗二、今井宗久
武野紹鴎、織田信長、豊臣秀吉、（北野茶会）
正親町天皇（禁中茶会）　武野宗呑　徳川家光
東本願寺、河村瑞軒、瓦屋平兵衛　坂本周斎
鴻池道億　同家より　昭和のとし吉兆庵に伝わる
茶入盆　若狭盆　利休在判
　袋　正法寺緞子　紹鴎緞子長緒
茶盌　本手そば　光悦置形　夏の月
　平瀬露翁はり紙
茶杓　筒　細川三斎送りづつ銘苫杢のかみどのへ
　石田杢の頭重成、山上宗二、鴻池伝来
建水　南蛮かごぬけ
蓋置　青竹引切

［続薄茶］

菓子　夏の月　東京千代田橋常盤木製
　ざぼん　吉兆製　まさごの月　鶴屋八幡製
菓子盆　七夕蒔絵盆　是真造る
水指　大阪木原家伝来　遠州好　高取いびつ
茶盌　仁清扇ながし　赤星家伝来
替　長次郎　くろ　五月雨　原叟書付
茶器　時代のあじさいなつめ　鴻池伝来
茶杓　如心斎好　北野三十六本の内
牛の子にふまるな庭のかたつむり
角あるとても身をな頼みぞ
（裏千家様の時　仙叟筒　銘芦）
建水　合子　サハリ　江月和尚書付
蓋置　古染付三宝　長楽未央
以上
嵯峨嵐山に於　六月十五日より十会興行
吉兆庵記

世界の名物、日本料理

おやっさんが「世界の名物、日本料理、吉兆」と書いた店のマッチを作ったのは、昭和三十三年のことでした。

昭和三十一年から三十二年にかけて、帝人の大屋晋三《おおやしんぞう》さんに連れられて、アメリカ、ヨーロッパを一周して、各国のおいしいものを食べてきてから言い出したことで、おやっさんがもっとも大事にしていた言葉です。

当時の世間では、フランス料理が世界で一番、中国料理が二番、イタリア料理が三番、日本料理はその他という認識でした。ぼくたち日本人も、日本の国も、そう思っていた。しかし、そんな中でおやっさんだけは、世界をまわって一通りの料理を食べたうえで、

「日本料理はどこの国にも負けない洗練されたものや」

という確信を持っていたのです。たしかに、単にうまいものを食べるというだけではなく、季節の情緒や歴史文化までひっくるめて味わえるというのは、世界の料理の中で日本料理だけです。

近頃、料理の世界もずいぶんと変わり、平成二十五年にようやく「和食」がユネスコの無形文化遺産に登録されましたが、おやっさんはそのことを、昭和三十三年の時点で予見していたということになります。

おやっさんの悲願である「世界の名物、日本料理」の一端は、昭和五十四年六月二十九日の先進国首脳会議東京サミットの昼餐会にて果たされました。

このときのお客さまは、当時の米国のカーター大統領、英国のサッチャー首相、イタリアのアンドレオッチ首相、カナダのクラーク首相、西ドイツのシュミット首相、フランスのジスカールデスタン大統領、そして日本の大平首相でした。

当日の献立は、次のようなものでした。

前菜：八幡巻き、アワビの塩蒸し、夏鴨ロース、山桃、さつまいも甘煮

お椀：あこう鯛、オクラ、梅びしお
焼き物：保津川鮎の塩焼き、たで酢
強肴《しいざかな》：天ぷら：車エビ、キス、枝豆
煮き合わせ：賀茂なすと小芋
石焼き：近江牛、ネギ、きゅうり
釜ごはん：塩昆布、柴漬け
くだもの：メロン、パパイヤ、ぶどう
菓子薄：茶

このように純日本料理でしたが、大変好評で、みなさん食べ慣れないものもあったはずですが、残されたものはほとんどなかったそうです。

前菜には仁清の舟形皿、お椀は金蒔絵の黒椀、焼き物は染め付けの寄せ皿、煮き合わせは魯山人の糸巻き皿、天ぷらは宗長盆《そうちょうぼん》といった器を使いました。

お部屋は迎賓館赤坂離宮の奥にある游心亭《ゆうしんてい》という日本座敷。入った寄りつきには、西本願寺伝来の石山切の掛け物、本席の床には秋田佐竹家伝来の業平朝臣《なりひらあそん》の図、部屋の一隅には花屏風を置き、そこに七色の野の花を活け分けてかけ、正面には大籠に山あじさいを二十本近く大きく活けて、書院には高蒔絵の硯箱《すずりばこ》と料紙文庫を飾りました。

このように、どこまでも日本的なおもてなしでしたが、すべて順調に運び、国がちがっても、美の感覚の深い、神経のこまやかな人たちにはわかっていただけたようです。

その後も、おやっさんは、吉兆という料理屋のおやっさんとして、また、茶懐石美術館である湯木美術館の初代館長として、頭を使い、手を使い、口を使い、足を使い、「世界の名物、日本料理」の発展啓蒙のために全力を尽くしました。

六十年には、天皇陛下御在位六十年のお祝いを、当時皇太子殿下であった、現在の天皇陛下より御下命いただき、新宮殿での御餐会を担当しました。六十一年にもサミットの昼餐会を担当し、その一週間後にはイギリスのチャールズ皇太子とその奥さまのダイアナ妃のお食事も担当しました。その後も種々、宮中でのもよおしの御下命に誠意を込めて、お勤めさせていただくことを大変な喜びとしておりました。

おやっさんは、都度、

「日本料理の本当の味と美しさを見ていただきたい。わかっていただきたい」

と念じながら、一生懸命にやっておりましたが、その間、五十六年に八十歳で紫綬褒章《しじゅほうしょう》を、六十三年に八十七歳で日本料理界で初めての文化功労者としての顕彰を受けました。

そして、ようやく、先ほどもお話しをしましたように、平成二十五年に和食がユネスコの無形文化遺産へ登録されたことで、おやっさんの「世界の名物、日本料理」という思いは実を結んだということになるのでしょう。このとき、おやっさんはすでに逝ってしまっておりましたが、生きていれば「やっとここまで来たか」と思ったはずです。

湯木貞一の心を「守」る

身内のぼくが言うのもおかしいのですが、おやっさんの湯木貞一は、「料理の超天才」だったと思います。

茶道や武道、芸術などの学びの姿勢に「守破離《しゅはり》」というものがありますね。千利休さんの、

「規矩作法《きくさほう》、守り尽くして破るとも離るるとても本《もと》を忘るな」

という教えにもとづく言葉です。

「守」は師匠について流儀を習い、それを守って励むこと。「破」は、師匠の流儀を極めた後に、他流を研究すること。「離」は、自分の研究を集大成して、独自に一流を編み出すことです。

湯木貞一の弟子であるぼくも、六十数年も料理をやってきたら、「破」や「離」

に到達しておかないといけないのかもしれませんが、もうとてもじゃありませんが、おやっさんの域を出ることはできません。湯木貞一というのは、そんな方です。ぼくも料理の道に入ってから必死で頑張ってきましたけれど、おやっさんの料理に対する思いはもっともっとすごいのです。

おやっさんは、茶の湯の懐石料理を、もっと一般の人にわかってもらうように、きっちりと完成させたいという思いが強かったのですが、それが完成する前に、亡くなってしまいました。それでも、今日の日本料理のだいたいの主流は、おやっさんが作った吉兆系統の料理になっていますね。

ぼくは料理人として、おやっさんには遠く及びませんが、おやっさんが料理に対して向けていた心だけは、ずっと「守」っていかなければいけないという覚悟は持っております。日本料理のよき伝統を残し、伝え、新しい工夫を加えていかなければいけない。

少し前に、そのような思いを抱いている湯木貞一の直弟子三人、ぼくと、名古屋の加瀬さんと青柳の小山君とで、「鯛の鯛」をモチーフにしたネクタイピンをそれぞれ持つことにしました。小山君が作って、一つを下さったものです。

鯛の鯛とは、鯛の胸びれのところにあって、形が鯛の頭に見える骨のことです。日本料理の代表的な材料である鯛、その鯛の中にある鯛、これをモチーフにしたものを常に身に着けることで、料理人にとっては厳しい時代ではありますけれど、日本料理の神様である湯木貞一の思いを、ぼくら三人は継いでいるという意思を示したく思っています。

料理に「心入れ」を

料理は、それを食べた人が「ああ、おいしい」と喜んでいただけたら、それがなによりのことです。このとき、単純においしいというだけでなく、そこに作り手のあったかい心が感じられたら、おいしさにより深みが増しますね。

茶の湯に「お心入れ」という言葉があります。

お客さんに対する細やかな心遣いを指しますが、ぼくたち料理人の使うちょっとした手業も、煎じ詰めれば、その料理を召し上がるお客さんに対して、心を入れているということになります。

少し前に、友人である嵯峨美術大学の真板昭夫《まいたあきお》先生のお誘いで、JTB会長の田川博己《ひろみ》さんもご一緒に、長崎県平戸市と、その西にある人口わずか六七人という春日集落を訪れました。春日集落は、つい数ヶ月前の二〇一八年六月、ユネスコの世界文化遺産として登録された場所です。一六〇〇年代の隠れキリシタンが、弾圧の中で信仰を守りつつ切り開いてきた、安満岳《やすまんだけ》から美しい海に連なる棚田の風景が大変見事でした。

集落を見て回っていたところ、地元の集会所に招かれ、そこで昼食が出されました。

「この地で布教活動を行ったフランシスコ・ザビエルも、きっと食べていたものですよ」

と真板先生はおっしゃっていましたが、地元の九十歳くらいのおばあさんが握ってくれた、潮風を受けて育ったミネラル豊富な棚田米のおにぎりと、地場のアオサの入ったお椀が配膳されていました。

「地元の材料で作ったもんですが、どうぞ」

と勧められたそれらは、とてもおいしくて、

「これは、大変なおもてなしを受けたなぁ」

という気持ちになりました。それは、おばあさんたちが手で握ってくれたかわ

いいそのおにぎりに、遠くからやってきたぼくたちに喜んでもらおうという心が入っていたからでしょうね。

凝った食材など使わなくてもいいのです。一見、簡素でも、卓越した手業が使われていなくてもかまいません。その土地にある旬のうまい材料を自然のままに調理し、そこに心がこもっている、そういう料理が一品あれば、お客さんに大きな満足感を与える究極のおもてなしになります。

世界遺産に登録されたことで、春日集落はこれから観光地として世界中の人が訪れるようになると思いますが、このおにぎりを大切にしていただきたいものです。

家庭の料理も同じことです。召し上がる方に喜んでもらおうと、心を入れれば、それだけでご馳走となります。ぼくたちは料理屋としてやっていますが、ご家庭の料理では、お客さんは家族ですから、料理を作る方は、食べる方の味の好み、その日の体調、人数、食べるタイミングといったことが、ぼくたち料理人以上にわかるはずですね。

これこそが家庭料理の強みで、ぼくたち料理屋は、どうしてもこれにかないません。ご家庭で料理を作られる方は、ぼくらよりも食べる方のことを、より深く思いやれるのですから、自信をもって、心あつく、料理を作ってほしいと思います。

そして、そんな心の入った料理を召し上がった方は、一言、作った方に、

「おいしい」

と言ってあげてほしいですね。その一言があると、料理を作った人というのは、このうえない喜びを感じられるのです。

ここまで、いろいろとお話しをしてまいりましたが、なにか一つでも、読んでくださった方の心の中に残って、ご自分の力にしていただければ、お話しのしがいがあったというものです。ありがとうございます。

徳岡孝二 とくおか・こうじ

京都吉兆会長。
一九三六年兵庫県揖保郡太子町生まれ。八二歳。
十七歳から料理人として修業をはじめ、一九五六年に吉兆に入る。
吉兆創設者の湯木貞一氏に師事し、
大阪・東京での修業を経て、一九六六年に京都支店長、
一九九一年に株式会社京都吉兆として独立し社長に就任。
湯木貞一のアイデンティティを受け継ぎながらも、
現在の京都吉兆の礎となる料理や趣向、アイデアを次々と生み出した。
二〇〇九年に会長に。
グルメ漫画『美味しんぼ』(小学館)に
「偉大なる名人」として実名で登場している。
本書が初の著書となる。

最後の料理人

二〇一九年四月三日　第一刷発行

著者　徳岡孝二
発行者　土井尚道
発行所　株式会社 飛鳥新社
〒一〇一-〇〇〇三 東京都千代田区一ツ橋二-四-三 光文恒産ビル
電話（営業）〇三-三二六三-七七七〇　（編集）〇三-三二六三-七七七三
http://www.asukashinsha.co.jp
ブックデザイン　鈴木成一デザイン室
構成　大谷智通
印刷・製本　中央精版印刷株式会社
 ISBN978-4-86410-679-5
編集担当　矢島和郎